Tempestade *da* alma

SHEILA WALSH

Tempestade *da* alma

É nos momentos de luta que Deus aprimora a fé e o caráter da mulher que nele confia

Tradução
Soraya Imon de Oliveira

Thomas Nelson
Brasil®

Rio de Janeiro - 2014

Título original: *The Storm Inside*

As citações bíblicas foram extraídas da NVI — Nova Versão Internacional, salvo quando especificado.

Publisher	*Omar de Souza*
Editor responsável	*Samuel Coto*
Produção	*Thalita Aragão Ramalho*
Produção editorial	*Mônica Surrage*
Tradução	*Soraya Imon de Oliveira*
Revisão de tradução	*Fernanda Silveira*
Revisão	*Leonardo Vianna*
Diagramação	*Leandro Collares (Selênia Serviços)*

CIP-BRASIL. CATALOGAÇÃO NA FONTE
SINDICATO NACIONAL DOS EDITORES DE LIVROS, RJ

W19t Walsh, Sheila, 1956-
Tempestade da alma / Sheila Walsh ; [tradução Soraya Imon de Oliveira]. – 1. ed. – Rio de Janeiro : Thomas Nelson, 2014.
280 p. ; 23 cm.

Tradução de: The Storm Inside
ISBN: 978-85-7860-562-9

1. Cristãs - Vida espiritual. I. Título.

14-10831 CDD: 248.8
CDU: 248

Thomas Nelson Brasil é uma marca licenciada à Vida Melhor Editora S.A.

Rua Nova Jerusalém, 345 – Bonsucesso
Rio de Janeiro – RJ – CEP 21402-325
Tel.: (21) 3882-8200 – Fax: (21) 3882-8212 / 3882-8313
www.thomasnelson.com.br

Este livro é dedicado com amor e profunda gratidão aos meus amigos, dr. James e Betty Robison. Vocês venceram tempestades extraordinárias e permaneceram voltados apenas para Cristo. Agradeço a Deus pela vida de vocês. Em memória de sua amada filha, Robin Rochelle Robison Turner, que lutou uma batalha heroica contra o câncer. Agora, os problemas acabaram!

"Algum dia, ela estará nos esperando nas portas do céu, dizendo: 'Venham, mamãe e papai, e conheçam o Rei dos reis em toda a sua glória!' E nós iremos!"

— James Robison

Sumário

Introdução 9

1. Quando um tsunami atinge o coração
Do sofrimento à força 19

2. Um inverno longo e triste
Da decepção à esperança 43

3. Navegando em águas turbulentas
Da falta de perdão à libertação 71

4. Cobertos por Jesus
Da vergonha ao amor 93

5. Uma tempestade silenciosa
Do arrependimento ao descanso 117

6. Raios e trovões
Do medo à alegria 145

7. Inclinada à beleza

Da insegurança à confiança 171

8. Surge um novo amanhecer

Da insignificância à coragem 199

9. Firme na rocha

Do desespero à fé 221

10. Em um dia claro, conseguimos ver a casa

Da raiva à restauração 243

Epílogo

Filhas daquele que fala para tempestades 267

Agradecimentos 273

Notas 275

Introdução

O Cristianismo é uma batalha, não um sonho.

— Wendell Phillips

Passei grande parte da minha vida viajando. Conheço aeroportos melhor do que museus e os bastidores de uma arena melhor do que um parque ou o oceano. Esta é minha vida. Escrevo livros e ministro palestras, principalmente para as mulheres que vivem ao redor do mundo, de Los Angeles a Nova York, de Londres a Kiev, de Toronto a Sydney.

E amo isso!

O que não gosto é de fazer as malas.

Minha cadela, Belle, fica profundamente desgostosa com meu estilo de vida. Ela fica apavorada no momento em que tiro minha mala do armário. Ela sabe muito bem o que isso significa e traz isso para o lado pessoal: vai para o canto do quarto e senta com a carinha voltada para a parede e de costas para mim — oficialmente me rejeitando.

Então, quando surge um convite que dispensa arrumação de malas ou viagem, considero-o uma bênção para a saúde mental de toda a minha família.

Na primavera de 2012, recebi um convite para ministrar uma palestra a um grande grupo de "esposas do ministério" — as líderes e esposas de pastores. Elas organizam reuniões anuais para receber apoio e incentivo daqueles que conhecem as tensões próprias do ministério. Durante alguns valiosos dias, elas se divertem participando dos cultos, aprendendo umas com as outras, compartilhando histórias e dedicando tempo para receber, em vez de dar continuamente. E, acreditem, dirigir um ministério feminino ou ser esposa de um pastor ou líder pode revelar momentos bastante desafiadores:

"A música está alta demais!"
"Por que seu marido nunca faz visitas? O pastor antigo fazia!"
"Traga de volta aqueles bons e velhos hinos!"
"Não gosto daquela versão da Bíblia!"
"O que aconteceu com o coro?"
"Por que *ela* sempre fica com o solo?"

Era uma bela manhã fresca e clara, quando parei para tomar café a caminho do hotel onde o evento estava sendo realizado. Acho que o nome da cafeteria, Global Peace Factory [Fábrica de paz global], acabou me atraindo tanto quanto a promessa de cafeína. Estava pensando nas mulheres para quem iria falar em breve e imaginei se a dádiva da paz prometida por Deus teria sido alcançada por elas naquele dia ou se elas estariam enfrentando aquelas tempestades devastadoras em que a paz parece um sonho distante.

Cheguei poucos minutos antes de a sessão geral da manhã acabar e entrei discretamente pelos fundos do salão de baile. E, me permita dizer, aquelas mulheres sabiam como fazer um culto! Fiquei no escuro e me deixei absorver pelo poder e pela verdade das palavras que amara a vida inteira:

> Quão grande és tu,
> Quão grande és tu!

A moça responsável por garantir que eu chegasse ao local e no momento certo (uma tarefa que não era para fracos) tocou meu ombro, indicando que havia chegado a hora de irmos. Tive cerca de vinte minutos para ajustar e checar o microfone, antes de as portas serem oficialmente abertas e as mulheres chegarem para a minha apresentação. Em frente ao palco, alguém havia colocado uma grande cruz — que, revelou-se depois, era um presente para mim, e que hoje está no meu escritório e continua me fazendo lembrar do que Deus operou naquele salão, naquele dia. No salão, havia cerca de duzentos assentos. Em cada assento, fiz uma breve oração para a mulher que o ocuparia e, então, coloquei um cartão e um lápis. Minha mensagem enfocaria o poder de dizer a verdade e, para tanto, eu usaria um texto bíblico simples e poderoso:

> Ensina-me o teu caminho, Senhor, para que eu ande na tua verdade; dá-me um coração inteiramente fiel, para que eu tema o teu nome (Salmos 86:11).

Esse versículo ocupa um lugar especial no meu coração, pois para mim nem sempre é fácil dizer a verdade. Não que eu minta de modo consciente... Eu apenas oculto certas partes da minha história. Medo, vergonha e raiva não têm muito apelo de moderação na igreja, então, durante anos, empurrei isso para dentro da parte menos acessível do meu coração.

Naquela manhã, eu descobriria que estava na companhia de muitas pessoas. Sou discípula de Paulo, de coração, em relação ao ministério. Quando escreveu sua primeira carta à igreja, em Tessalônica — uma congregação pela qual obviamente sentia uma grande afeição — ele confessou: "Sentindo, assim, tanta afeição por vocês, decidimos dar-lhes não somente o evangelho de Deus, mas também a nossa própria vida, porque vocês se tornaram muito amados por nós" (1Tessalonicenses 2:8). Esse é o meu modelo. Acredito no poder da Palavra de Deus e na transparência de nossas jornadas.

Então, naquele dia, eu disse às mulheres que durante anos havia me escondido atrás do ministério, orando para que o trabalho que fazia para Deus elevasse a "pontuação" a meu favor e superasse os sentimentos de vergonha e medo que me arrastavam para baixo. Honestamente, não imaginava que pudesse viver de outra maneira — de uma forma aliviada —, com base no trabalho de Cristo concluído e não em algo que eu tivesse feito. Passei por uma crise em minha vida que me fez despertar para aquela verdade bela e radical. Essa crise foi uma graça que me afogou como uma daquelas ondas que chegam de surpresa na praia.

Na conclusão, expliquei porque colocara um cartão em cada assento. Convidei as mulheres a escreverem qualquer coisa que não quisessem mais carregar consigo. Pedi-lhes para levarem os cartões até o palco e deixá-los ao pé da cruz. Não queria saber seus nomes — elas permaneceriam anônimas —, mas prometi levar todos os cartões para casa e rezar por quem os escrevera.

Naquele momento, houve uma bela troca. Assisti às mulheres deixarem, uma a uma, os cartões ao pé da cruz. Mulheres de todas as idades, algumas com rugas na face, lá depositaram suas cargas. Nosso tempo passou rápido e logo elas estavam a bordo dos ônibus que as levariam ao próximo evento de suas agendas. Ajoelhei e peguei os cartões, lendo-os um a um.

Mas eu não estava totalmente preparada para aquilo que li.

Honestamente, as palavras que li me chocaram.

Tenho viajado pelo mundo há trinta anos, falando para mais de cinco milhões de mulheres. Fiz palestras em igrejas, prisões e arenas lotadas de mulheres com as mãos erguidas em oração. Tenho ouvido histórias de sofrimento e traição, confissões honestas de pecados intencionais escandalosos e escolhas negligentes. Seja qual for a idade, etnia, filiação denominacional, ou falta dela, as mesmas questões vêm à tona. Repetidas vezes, essas questões caem nos dez sentimentos listados a seguir, que podem se transformar em cargas esmagadoras:

- Sofrimento
- Decepção
- Medo
- Amargura
- Falta de perdão
- Raiva
- Arrependimento
- Abandono
- Vergonha
- Insegurança

Então, por que eu me senti tão chocada naquele dia? As respostas escritas nos cartões me derrubaram porque eu sabia que o salão estava cheio de mulheres que amavam sinceramente a Deus e que caminhavam com ele há muitos anos — *e, mesmo assim, as mesmas cargas pesavam sobre seus corações.* Aquelas mulheres não eram novatas na fé. Eram mulheres maduras, fervorosas e sábias servidoras de Cristo, mas, mesmo assim, eram perseguidas exatamente pelas mesmas questões.

Sentei-me pensando naquela séria constatação por um longo tempo. Orei sobre isso e pedi a Deus para me ajudar a entender por que nós, mulheres, lutamos com essas dez questões persistentes e devastadoras. É quase como se uma trama bastante intencional e finamente ajustada contra nós tivesse sido armada para nos roubar de quem somos em Cristo. Esse pensamento soou tão verdadeiro em meu espírito quanto o som de mil sinos tocando. Eu sabia que Deus estava falando comigo e não conseguia me mover antes de descobrir o que ele queria me mostrar. Aquilo era divino e eu sentia isso. Enquanto esperava em Deus, por um instante, foi como se ele, em sua graça, abrisse uma cortina e me desse um vislumbre de uma verdade profunda que poderia libertar suas filhas!

Você já leu *Cartas de um diabo a seu aprendiz*, de C.S. Lewis? Esse pequeno livro tem a forma de uma série de cartas fictícias escritas por um velho diabo a seu sobrinho, que era um carrasco em ascensão. O tio tenta preparar o sobrinho para garantir a condenação de uma pessoa conhecida apenas como "Paciente". Esse livro maravilhoso traz uma visão apro-

E se o diabo espia por sobre nossos ombros em todos os testemunhos que fazemos, para preparar um golpe para os nossos corações? Isso não seria novidade.

fundada dos modos e ardis de nossos inimigos, muitas vezes de uma maneira irônica.

Mas e se *Cartas de um diabo a seu aprendiz* na verdade nos mostra um quadro perturbador da verdade? Sabemos das Escrituras que o diabo é um mentiroso (João 8:44). Sabemos também que ele ronda por toda parte rugindo como um leão, procurando alguém para devorar (1Pedro 5:8). Mas e se ele *ajustar* suas investidas para que sejam próprias para nós, as filhas do Rei? E se os demônios lançarem seus ataques nos locais onde temos mostrado mais vulnerabilidade? E se o diabo espia por sobre nossos ombros, em todos os testemunhos que fazemos, para preparar um golpe para o nosso coração? Isso não seria novidade, em se tratando do diabo, para sintonizar nossas dores e transformá-las em armas a serem usadas contra nós.

Quando falamos sobre medos e inseguranças, estamos fornecendo informação essencial ao nosso inimigo? O diabo não é onisciente. Ele é um anjo criado e caído, que não sabe tudo, diferentemente de Deus. Será que, através dos séculos, temos falado tanto sobre nossa fragilidade que, agora, nossos inimigos têm armas tão habilmente treinadas com que podem atingir seus alvos repetidas vezes? Essas armas então se tornaram "inteligentes", como os mísseis guiados por laser lançados por um avião teleguiado? O pensamento me dá calafrios, mas também me faz lembrar uma verdade bem mais poderosa e contrária:

> Vocês podem reconhecer o Espírito de Deus deste modo: todo espírito que confessa que Jesus Cristo veio em carne procede de Deus; mas todo espírito que não confessa Jesus não procede de Deus. Esse é o espírito do anticristo acerca do qual vocês ouviram que está vindo, e agora já

> está no mundo. Filhinhos, vocês são de Deus e os venceram, porque aquele que está em vocês é maior do que aquele que está no mundo (1João 4:2-4).

Ele, que vive em nós, é *maior*! Nós às vezes esquecemos que não lutamos contra os seres humanos, e sim contra os principados e poderes diabólicos (Efésios 6:12). Nós precisamos desesperadamente nos lembrar de quem somos e de como lutar.

Foi dito que um coelho consegue correr mais do que um leão. Porém, o medo que o coelho sente do leão é maior e o *paralisa*, tornando-o uma presa fácil para o leão. As investidas que enfrentamos como filhas de Deus têm o potencial de nos tornar tão impotentes quanto o coelho. Podemos ser congeladas pelo caos que sentimos por dentro, em vez de escolhermos permanecer na verdade que a Palavra de Deus diz que somos. Não devemos dar vantagem ao nosso inimigo. Não devemos viver naquele caminho nem mais um instante. É hora de trocar o que sentimos pela poderosa verdade de quem somos. O modo como nos sentimos pode mudar em um instante, mas quem somos é eterno.

De fato, existem três níveis de verdade que você e eu enfrentamos a cada dia. Entender cada um desses níveis será um divisor de águas para nós. Há o caos daquilo que sentimos e o caos daquilo que o inimigo incita em nós. Quando nos concentramos apenas nesses dois níveis, nós afundamos. O terceiro nível de verdade é que Deus está sempre no controle. Ele é quem fala às tempestades e elas têm de obedecer-lhe. Ele é quem traz ordem a partir do caos. Não importa o quão fora de controle as suas tempestades possam parecer neste exato momento, não cometam nenhum erro, meninas — Deus está no controle!

Neste livro, nós abordaremos cada um dos dez sentimentos caóticos que tendem a nos paralisar. Nós aprenderemos como combater os dardos inflamados do inimigo, como lutar e como resistir. Nós vivemos dias sombrios, mas acredito de todo coração que Deus está levantando um exército de mulheres de todas as partes do mundo, que o amam e que estão total e exclusivamente devotadas a uma causa: Jesus Cristo, nosso Senhor e Salvador, o Rei que logo retornará.

CAPÍTULO 1

QUANDO UM TSUNAMI ATINGE O CORAÇÃO

DO SOFRIMENTO À FORÇA

É um lugar secreto, a terra de lágrimas.
— ANTOINE DE SAINT-EXUPERY, *O PEQUENO PRÍNCIPE*

O Senhor está perto dos que têm o coração quebrantado e salva os de espírito abatido. O justo passa por muitas adversidades, mas o Senhor o livra de todas.
— SALMOS 34:18-19

Sou fanática por futebol americano.

Aos meus amigos ingleses, não estou me referindo aqui àquele grande e glorioso esporte do mesmo nome, futebol, e sim ao futebol praticado unicamente no contexto norte-americano, em que homens imensos com ombreiras enormes são derrubados pelo equivalente a um touro gigante em esteroides.

Não me importo em dizer que demorei um pouco para perceber isso.

O futebol americano, com sua avalanche de regras obscuras, não é um esporte fácil de entender para quem não cresceu convivendo com ele. Quando morei em Virginia Beach, amigos me perguntaram se eu gostaria de ir de carro com eles até Washington, DC, para assistir aos jogos dos Redskins, só para depois me pedirem para ficar em casa ou parar de fazer tantas perguntas.

Naquele jogo havia muita coisa que me parecia incompreensível. Por exemplo, quando um grupo de homens parecia estar fazendo um bom trabalho para dominar o jogo, por que eles tinham de ir para o banco e, depois que algo desse errado, por que tinham de deixar outro grupo fingir? O que é exatamente uma "desvantagem" e quando saber que se está em desvantagem? E se você estiver em desvantagem no lugar certo? Por que os técnicos jogam um lenço no campo quando estão insatisfeitos com uma decisão? Sempre pensei que é justamente quando estamos infelizes que precisamos de um lenço!

Tudo mudou para mim, no entanto, quando William, meu pai de criação, veio viver conosco. Sua presença paciente e inteligente em nossa casa me mostrou o caminho através do labirinto de regras até a terra mágica que está um pouco além do conhecimento britânico. Toda segunda-feira à noite, William e eu nos sentávamos lado a lado e ele conversava comigo sobre a disputa semanal do NFL, além de responder corajosamente à minha saraivada de perguntas.

"O que é o 'primeiro *down*'?",

"Por que aquilo não foi um *touchdown*?",

"Por que tanto *spandex*?"

Ele tinha uma paciência e um conhecimento infinitos. Durante os dois anos que vivemos com ele, antes de sua morte, ele transmitiu suas ideias para mim. O último grande jogo a que assistimos juntos foi entre o St. Louis Rams e o Tennessee Titans, no Super Bowl XXXIV — um jogo *formidável* para nós. Naquela época, vivíamos em Nashville, então o *nosso* time (os Titans) fizera uma apresentação no maior palco de todos, o Holy Grail of American Sports! Antes do jogo, fiz uma pesquisa rápida e descobri que o Rams não ganhava um Super Bowl desde 1952. Isso por si só já nos deu mais do que mera confiança, na verdade, nos deu uma confiança *imbatível.*

Desde então, o jogo entrou para a história do esporte como um clássico, mas não pelos motivos esperados.

William foi checar a televisão para ter certeza de que estava tudo bem com ela (também tinha montado um *backup* na entrada da cozinha). Preparei os petiscos indispensáveis. Então o grande momento chegou. Nós ficamos colados no aparelho, hipnotizados por cada partida. No primeiro tempo, os Rams fizeram 9-0, mas nós nos recusamos a desanimar. Aquilo era menos que um *touchdown* e um gol de campo!

"Não se preocupe, Pop", disse ele. "Somos conhecidos como um time de segundo tempo."

O segundo tempo nos fez prender nossa respiração. Os times trocaram pontos, mas os Titans chegaram mais perto. Faltando seis segundos para terminar o jogo e com os Rams ainda na liderança por um *touchdown*, os Titans pegaram a bola. Seis segundos podem não parecer muito, mas no futebol americano é tempo suficiente para ocorrer o tipo de milagre pelo qual todo torcedor obstinado anseia fervorosamente. Os Titans alinharam-se na linha de 10 jardas. Steve McNair lançou a bola para Kevin Dyson na linha de 1 jarda. A vitória parecia tão próxima que eu podia sentir o cheiro dos fogos... Até que o impensável aconteceu. Na defesa do Rams, Mike Jones atacou Dyson e o derrubou bem perto da linha do gol. Dyson estirou o corpo para alcançar o gol e eu gritei desesperadamente, como se isso pudesse empurrá-lo alguns centímetros à frente. Mas não teve jeito. Jones envolveu Dyson com seus braços enormes, como uma jiboia de vinte quilos.

Os fãs do Rams explodiram em todo o estágio, enquanto William e eu ficamos sentados em silêncio, incrédulos. Jamais esquecerei aquele momento nem o olhar no rosto de William, quando ele se voltou para mim, com toda a angústia existencial de um ator interpretando Shakespeare, e disse: "Você acabou de presenciar um dos momentos de maior sofrimento da história."

Agora, eu sorrio sempre que me lembro do drama do nosso sofrimento. Reconheço a frequência com que usamos essa palavra em nossa cultura para descrever circunstâncias completamente diferentes. Nós a empregamos para coisas de pouco peso, como:

- Que sofrimento ter seus sapatos preferidos comidos pelo cachorro.
- Que sofrimento por terem descontinuado sua cor de batom preferida.
- Que sofrimento por seu personagem favorito ter morrido naquela série da televisão.

Nossa cultura usa excessivamente a palavra *sofrimento*. Ela se tornou tão comum como a chuva em São Paulo ou o discurso de um político. Mas a realidade é que o sofrimento é profundo, real e muitas vezes inesperado, como uma tempestade que chega sem avisar.

Vimos isso no dia 20 de maio de 2013, quando um tornado F5 arrasou a localidade de Moore, em Oklahoma, deixando um rastro de morte e destruição em seu caminho. Aquele tornado de mais de 1,6 km de largura permaneceu no chão por quase 40 minutos — um tempo sem precedentes. Aqueles quase 40 minutos mudaram as vidas de muitas pessoas. Naquele dia, morreram 23 pessoas, das quais sete eram crianças do ensino fundamental. Houve 377 feridos. No amanhecer do dia seguinte, nós começamos a ver pilhas de destroços e brinquedos jogados em árvores — o único sinal das famílias que um dia viveram lá.

Minha primeira resposta foi ajoelhar e orar, clamando a promessa do salmista Davi para aqueles cujos corações e vidas foram devastados: "O Senhor está perto dos que têm o coração quebrantado e salva os de espírito abatido" (Salmos 34:18).

Uma equipe de voluntárias da Women of Faith uniu forças com o maravilhoso ministério da Samaritan's Purse (uma agência internacional de ajuda), e nós fomos de carro para Moore a fim de nos juntarmos às equipes de limpeza. Embora eu tivesse assistido a uma ampla cobertura da tragédia pela televisão, nada havia me preparado para o que vi naquele dia. Parecia que tinham lançado uma bomba atômica. Fileiras e mais fileiras de casas tinham sido totalmente destruídas. Era nosso trabalho limpar os destroços, tijolo por tijolo, e orar para que, de algum modo, conseguíssemos encontrar aqueles itens insubstituíveis e devolvê-los para as famílias que um dia chamaram de "casa" aquela pilha de lixo.

Elizabeth nos pediu para ajudar a encontrar as joias da mãe. Unimos forças com as de um pai de um veterinário do exército, que procurava as medalhas de seu filho (nós encontramos duas). Repetidas vezes, ouvíamos a mesma expressão: *sem salvação*. Mofo, asbestos ou lama quase impossibilitaram salvar qualquer coisa. Era um cenário de sofrimento de uma devastação absoluta. Ao final daquele dia, nós tivemos o privilégio de passar um tempo com um dos homens que tinham perdido tudo. O Samaritan's Purse deu àquele homem uma Bíblia que fora assinada por todas as voluntárias, e nós oramos por ele. Nós tínhamos ido lá para servir aquele homem e aos demais que foram afetados pela tempestade, mas foi ele que nos deu um presente incrível.

Ele nos contou que, algumas semanas antes do tornado chegar, tinha ido ao parque temático Six Flags, no Texas, com algumas das crianças da terceira série de seu grupo de jovens. Na volta de carro para casa, ele conversou com os meninos sobre o dia que tiveram e a conversa eventualmente seguiu para a fé em Cristo. Um dos meninos deixou bastante claro para ele que, na semana anterior, ele tinha colocado sua confiança em Jesus e nada poderia abalar aquilo. Esse menino foi um dos sete alunos da terceira série que perderam a vida no tornado.

Formando um círculo e orando, com lágrimas escorrendo por nossos rostos sujos, agradecemos a Deus pela verdade de que, embora a terra tivesse tremido naquele dia em Moore, aquele menino tinha ido dos braços de uma família que o amava para os braços de um Pai que lhe daria as boas-vindas em casa. Então, oramos pelas famílias daquelas sete crianças, pelos corpos que elas sabiam estar, naquele momento, irreconhecíveis. O significado central de *sofrimento* indica uma perda inimaginável.

Muito mais do que um jogo

Enquanto passava rapidamente os canais da televisão durante o café da manhã, me detive em um noticiário que relatava um acidente de carro. Uma jovem dirigia a caminho de casa, com seu bebê sentado em segurança em uma cadeirinha especial para bebês colocada no banco traseiro. De repente, um trator-reboque desgovernado esbarrou contra a traseira do carro e matou a criança com o impacto. A manchete falava da "mais recente história de sofrimento no local".

Fiquei horrorizada com essa tragédia. O termo *sofrimento* não soou nem sequer forte o bastante. Nós desvalorizamos a palavra *sofrimento* usando-a de qualquer jeito, de modo tão casual, para descrever coisas que nem de início são comparáveis. Como poderíamos usar essa palavra para descrever um jogo de futebol americano e, depois de alguns rodeios, aplicar o mesmo termo em referência à perda devastadora de uma criança?

Talvez você tenha estado lá. Você lutou para encontrar as palavras adequadas para descrever a profundidade do seu momento de sofrimento.

- O *sofrimento* de ver seus filhos se desviando da fé.
- O *sofrimento* causado pelo pedido de divórcio do marido.
- O *sofrimento* de ter um filho diagnosticado pelos médicos com uma doença terminal.

De algum modo, essa palavra de quatro sílabas parece espantosamente fraca, e nem sequer chega perto da dor. O tipo de agonia muda o cenário do seu coração.

O inverno de 2012 bateu recordes de neve ao longo da costa leste dos Estados Unidos. Comunidades inteiras ficaram irreconhecíveis, soterradas por cruéis cobertores gelados, como disse um repórter: "a vida habitual foi *subjugada* pela natureza." *Subjugar* é uma palavra forte, que se ajusta bem ao vocabulário do sofrimento. Fala de algo que está fora de controle. Como mulheres, temos dificuldade para aceitar a realidade de que muitas vezes somos impotentes. Nós queremos fazer diferença em situações dolorosas, fazer algo para ajudar, proteger, acalmar. Mas, para todas nós, há momentos em que não podemos fazer nada. Nada mesmo. E nesses momentos sombrios, a tristeza nos subjuga e nós sentimos que não sobreviveremos.

Cartas na mesa

Tenho cartas que revelam nossa dor e que estão em minha escrivaninha e no meu computador. Cada uma dessas cartas conta uma história de sofrimento.

> "Meu esposo abandonou a mim e a nossos três filhos. O que digo a eles? Eles estão sofrendo."
>
> "Meu filho está preso. Já fiz tudo que podia fazer. Eu o criei segundo a igreja. Meu coração está sofrendo."
>
> "O câncer da minha filha voltou. Ela já passou por muita coisa e, quando pensamos que está livre, o câncer volta. Por que Deus permite um sofrimento desses?"

Essas perguntas são devastadoras. A palavra *subjugar* aparentemente nem arranha a superfície de uma dor tão primordial. Então, vamos mais fundo.

Subjugar a tristeza ou o luto > aflição profunda.

Subjugar: cobrir ou esmagar sob alguma coisa violenta e pesada, que cubra ou envolva por inteiro.

Submergir e sobrepujar: no sentido figurado; como ser dominado por cuidados, aflições ou problemas (Dicionário Webster's).

Se você já passou por uma tempestade pessoal, em que se pegou dizendo, "não conseguirei sair dessa", seu espírito ressoará as seguintes palavras:

Subjugado
Esmagado
Luto

O luto, no sofrimento, pode levar a um isolamento terrível. Li que quando um casal perde um filho, o sofrimento muitas vezes atua mais como uma barreira que os separa do que como uma cola que os une. Isso tende a ser verdade tanto para os casais cristãos como para aqueles que se dizem ateus. Todos nós lidamos com a dor de diferentes modos, mas quando acrescentamos orações, esperança e fé à equação, sem esperar nada, nossa tristeza nos conduz para nossos próprios retiros solitários.

Às vezes, a igreja não tem ideia de como lidar com luto e sofrimento profundos.

Seria de esperar que o lugar onde o sofrimento é compreendido e honrado mais do que em qualquer outro fosse junto à comunidade de fé. Porém, tenho conversado com muitas mulheres que relataram uma experiência bastante diversa. Muitas chegaram a uma conclusão mais sombria: às vezes a igreja não tem ideia de como lidar com luto e sofrimento profundos.

Há pouco tempo, conheci uma mulher que tinha perdido um filho em um acidente. Decorridos alguns meses, ela disse ao seu grupo de estudo da Bíblia que, em algumas manhãs, ela pensa sinceramente que não vai conseguir se levantar. Alguém do grupo declarou: "Apenas lembre-se disto: 'Posso tudo através de Cristo, que me dá força!'"

A mulher em luto aceitou o risco e deu voz a sua dor. E, em vez de ser ouvida e receber espaço e graça para lutar, ela foi silenciada por um versículo que nitidamente não tinha vivenciado até então. E como ela poderia deixar passar a palavra de que *quando não somos fortes, então não estamos confiando em Cristo*?

Que triste.

Deus não nos deu Sua Palavra para usar como uma arma ou algo parecido com um folheto, o qual podemos passar por baixo da porta e manter certa distância. A Palavra *é* uma arma, só que projetada para usar contra nosso inimigo, e não contra nossas irmãs em Cristo. Foi feita para o encorajamento, e não para dar respostas convenientes em meio à dor real. Apenas porque algo é verdadeiro, não significa que você deve expressar a verdade em todas as circunstâncias. Pouco antes de ser atacado, Jesus disse aos seus discípulos enlutados: "Tenho ainda muito que lhes dizer, mas vocês não o podem suportar agora" (João 16:12). Seus seguidores realmente precisavam ouvir algumas verdades — coisas que eventualmente os ajudariam —, mas ouvi-las *naquele momento* teria esmagado seus espíritos. Então Jesus deixou a sua paz.

Oh, isso nós aceitaríamos!

Quando você está machucado, existe algo pior do que ter as Escrituras atiradas contra você? Como você poderia agarrá-las num momento em que mal consegue ficar em pé?

Fiquei sentada por horas, pensando nas várias histórias como essa que ouvi, querendo saber *por que fazemos isso.*

Por que tentamos "conter" aqueles que sofrem ou procuramos "consertá-los"?

Será que o sofrimento é um constrangimento?

Nós nos sentimos insatisfeitos em nossa fé quando não conseguimos afastar a dor?

Nós pensamos que o poder e a bondade de Deus são depreciados quando uma de suas filhas segue com dificuldade, segue ferida?

Seja qual for o motivo, o sofrimento nos torna *mais* desconfortáveis.

Conversei com mulheres que passaram por aborto e ouvi comentários sobre o que outras pessoas lhes haviam dito sobre superar a dor. As pessoas aparentemente têm mais habilidade para lidar com doenças crônicas do que com condições crônicas. A vida na novela é uma coisa; a vida real é outra.

Há alguns anos, conheci uma senhora muito gentil que tinha um problema de saúde contínuo e grave. Ela disse que, durante o primeiro ano, as pessoas a sua volta perguntavam como ela estava e se ofereciam para orar por ela. Entretanto, sem um fim à vista, ela acabou perdendo seu suporte de orações. Não sei se os amigos apenas foram ficando cansados de orar sempre pela mesma coisa ou se pensaram que aquele longo sofrimento pudesse ser indicativo de algum pecado antigo. Anotei meu número de telefone para aquela mulher — algo que raramente faço — e lhe disse que, quando ela precisasse desabafar ou dizer coisas que arrepiariam os cabelos da minha mãe, deveria telefonar para mim. Todos nós precisamos de um lugar onde podemos expressar o que atormenta nossas almas e que ainda persiste.

Carregando fardos

As Escrituras são muito claras sobre o modo como os crentes deveriam responder a uma tristeza esmagadora. Paulo escreveu o conhecido versículo: "Levem os fardos pesados uns dos outros e, assim, cumpram a lei de Cristo" (Gálatas 6:2). Depois, Paulo escreveu apenas mais alguns versículos: "pois cada um deverá levar a própria carga" (v. 3).

Em uma primeira leitura, esses versículos podem parecer contraditórios entre si. Entretanto, esse problema pode ser esclarecido por meio de uma melhor compreensão das palavras gregas. O termo grego para *fardos* refere-se a como os barcos eram carregados. Em outras palavras, o versículo diz que ninguém deveria esperar carregar sozinho um peso enorme. O termo resultante, *carga*, por outro lado, refere-se a pacotes pesados que todos nós às vezes temos de suportar — desconfortáveis, talvez, porém necessários e manejáveis. Pense nisso como a diferença entre puxar uma mala com rodinhas em um aeroporto e tentar empurrar um piano.

Paulo nos diz que, quando alguém passa pelo tipo de sofrimento que parece sufocar, esmagar e oprimir, o corpo de Cristo tem de se mover para ajudar a suportar o peso. Ninguém deveria tentar carregar sozinho um fardo desses.

Embora tenhamos de nos esforçar para saber como responder ao sofrimento profundo ou ao luto de alguém, a Bíblia é bastante franca com relação à realidade do sofrimento humano — tão franca que eu gostaria de saber se nós secretamente aprovaríamos um corte em certas partes da escritura. Estas passagens parecem ser rudes demais, violentas demais, intensas demais com relação ao modo como descrevem a tempestade na alma humana:

> Nunca para a agitação dentro de mim; dias de sofrimento me confrontam. Perambulo escurecido, mas não pelo sol; levanto-me na assembleia e clamo por ajuda (Jó 30:27-28).

> Direi a Deus, minha Rocha: "Por que te esqueceste de mim? Por que devo sair vagueando e pranteando, oprimido pelo inimigo? Até os meus ossos sofrem agonia mortal quando os meus adversários zombam de mim, perguntando-me o tempo todo: 'Onde está o seu Deus?'" (Salmos 42:9-10).

Um dos salmos mais tristes e que provocam mais sofrimento está bem no meio do livro. Muitos salmos começam com uma súplica por ajuda, mas quase todos transitam para a confiança de que Deus ouve e responde a quem suplica. Exceto o salmo 88, que começa e termina um pouco tumultuado.

> Ó Senhor, Deus que me salva, a ti clamo dia e noite. Que a minha oração chegue diante de ti; inclina os teus ouvidos ao meu clamor. Tenho sofrido tanto que a minha vida está à beira da sepultura. Sou contado entre os que descem à cova; sou como um homem que já não tem forças. Fui colocado junto aos mortos, sou como os cadáveres que jazem no túmulo, dos quais já não te lembras, pois foram tirados de tua mão. Puseste-me na cova mais profunda, na escuridão das profundezas. Tua ira pesa sobre mim; com todas as tuas ondas me afligiste (vv. 1-7).

Se espera por algo mais leve, então será uma longa espera. O salmo termina assim:

> Desde moço tenho sofrido e ando perto da morte; os teus terrores levaram-me ao desespero. Sobre mim se abateu a tua ira; os pavores que me causas me destruíram. Cercam-me o

> dia todo como uma inundação; envolvem-me por completo. Tiraste de mim os meus amigos e os meus companheiros; as trevas são a minha única companhia (vv. 15-18).

Isso é que é triste.

Por que o Senhor incluiria um canto (sim, *é* um canto) tão sombrio e depressivo nas Escrituras?

Porque existem certas tempestades na vida que testemunham a sua verdade.

Há momentos na vida de todos nós, em que os sofrimentos parecem infindáveis. Você nunca passou por momentos assim? Você desconhece as vezes em que implorou a Deus para intervir, sabendo que ele é poderoso o bastante para mudar qualquer coisa, mas até onde pode constatar, ele não fez nada? Eu tive momentos assim.

Em 2012, passei por uma situação que envolveu alguns amigos que por anos foram como parte da minha família — e então nossos caminhos se separaram. Nenhum de nós foi o culpado. Foi apenas uma daquelas épocas difíceis, em que cada um tem de escolher a direção a seguir e deixar que os outros façam as próprias escolhas. Embora isso tudo pareça claro e tranquilo, não foi assim que aconteceu. Quando escolhemos caminhos diferentes, me vi sofrendo por meses com a separação repentina.

Era difícil dormir à noite. Pesadelos terríveis me acordavam. Às vezes, sentia como se meu coração tivesse sido partido ao meio. Quando fiz meu exame médico anual, o médico ficou preocupado com minha frequência cardíaca e me encaminhou a um cardiologista. Depois que passei por uma bateria de exames, o médico disse que, embora meu coração fosse saudável, minha frequência cardíaca havia saído do controle.

"Você perdeu alguém próximo recentemente?", perguntou ele, sem fazer ideia da minha história. Apesar da morte de uma pessoa, meu sentimento de perda levava a crer que alguém havia morrido. Eu não sabia como o sofrimento podia ter ramificações clínicas tão extensas. Acho que é isso que Gabriel García Márquez quis dizer ao escrever: "Seu coração, seu estômago e seu corpo inteiro parecem vazios, com um buraco e doendo."[1]

Quando você perde alguém querido ou passa por um divórcio, isso pode trazer a sensação de que uma tempestade pessoal destruiu furiosamente tudo aquilo que era importante, e você fica imaginando como irá sobreviver.

A dor mais profunda de todas

As mulheres geralmente têm mais facilidade do que os homens para falar sobre sentimentos. Entretanto, algumas dores são tão profundas e sentidas de um modo tão pessoal que ninguém mais consegue entender nosso sofrimento. Até o mais chegado dos amigos ou a família não vão além. Se você ainda não passou por isso, provavelmente não conhece bem tal amargura.

E é lá, na quietude do desespero, que o inimigo sussurra as mentiras do seu caldeirão purulento.

"Deus não a ouve."
"Você está completamente sozinha!"
"Deus não a ama."
"Você não conseguirá superar isso!"

Talvez, neste exato momento, você esteja nessa situação, segura apenas por um fio. Eu já estive. Conheço seu cheiro desagradável e seu gosto amargo, e sei como tudo pode parecer impossível. Mas a verdade é que — e sei que você pode achar difícil de acontecer agora — também conheço a sensação de ter Cristo me conduzindo para fora da caverna através do poder de sua Palavra e da de outras mulheres corajosas o bastante para contar as próprias histórias. Assisti a essa transformação acontecer várias vezes com mulheres que foram levadas ao próprio limite e encontraram força, em vez de destruição.

Não, não se trata de um caminho curto.

Mas é um caminho de fé.

Deus prometeu que, não importa a situação pela qual estivermos passando, jamais estaremos sozinhos. Ele conhece a sua dor. Ele a ama. E ele a conduzirá por entre as chamas.

Do sofrimento à força

Deixe-me apresentá-la a uma jovem que conheci recentemente; ela sabe o que significa passar do sofrimento à força. Seu nome é Erin e, na noite em que a conheci, ela estava atrasada.

A maioria de nós já havia consumido a metade de nossas entradas quando ela finalmente ocupou seu assento na sala de jantar do hotel. A visão de 12 mulheres conversando deve ter feito um sábio anfitrião reservar um espaço à parte dos clientes usuais, que não suspeitavam de nada. Imediatamente, percebi duas características de Erin. Seu corte de cabelo era curto e gracioso, e ela sem dúvida estava grávida. Eu não sabia nada sobre as mulheres que estavam àquela mesa e compareci como convidada.

Durante várias semanas, viajei de avião para uma cidade cuja igreja local me convidara para ministrar um ou dois dias de estudos da Bíblia. Amo passar um tempo com as organizadoras de um evento antes de ele acontecer. Gosto de ouvir seus corações e saber o que esperam de Deus durante o tempo que passamos juntas. Estou certa de que você já sabe, mas devo dizer que as mulheres das igrejas locais trabalham demais. Na maior parte do tempo, elas se organizam em comitês e abordam cada um dos aspectos da conferência, para garantir que suas reuniões propiciem momentos confortáveis, alegres, enriquecedores e compensadores, tanto quanto possível, a todas as participantes. Ao longo dos anos, aprendi que na maioria dos comitês femininos, as mulheres querem saber mais sobre a palestrante convidada do que falar sobre si mesmas. Como convidada, por outro lado, eu quero conhecer essas mulheres. Então, assim que Erin pediu o jantar, perguntei a todas que estavam à mesa: "Cada uma de vocês contaria algo sobre si mesma que, talvez, nem mesmo a pessoa mais próxima de vocês saiba?"

Nunca esquecerei aquela noite. Tenho a sensação de que tudo aconteceu ontem.

Uma a uma, as mulheres contaram histórias de decepção, doenças graves e sofrimento, e também da compaixão e graça de Deus. Mas foi a história de Erin que guardei comigo por um longo tempo.

Erin e seu marido, Zac, ficaram animados ao descobrirem que, após alguns meses de casados, iriam ter um bebê. Mas Erin sofreu um aborto. Qualquer mulher que tenha sofrido um aborto sabe que isso provoca uma dor bastante particular. Barry e eu perdemos um bebê quando nosso filho Christian tinha mais ou menos três anos. E essa perda dói até hoje.

Erin e Zac, porém, sentiram a alegria restaurada quando, após alguns meses, descobriram que ela estava grávida novamente. No dia

1º de julho de 2008, Erin deu à luz sua filha Adellyn. Toda mãe espera por esse momento. Após horas em trabalho de parto doloroso, alguém finalmente colocou o pequenino bebê nos braços da mãe. A maioria de nós automaticamente pergunta: "O bebê é saudável?"

Erin escreve sobre aqueles primeiros momentos de sofrimento em seu blog (www.zacanderinharlan.blogspot.com). Recebi sua autorização para compartilhar o trecho que reproduzo a seguir.

> Eram 2h57 da manhã quando nossa pequena menina chegou, muito quieta. Assim que a vi, soube que tinha síndrome de Down. Perguntei ao médico se ela realmente tinha a síndrome e ele respondeu que ainda não tinha tido chance de analisá-la, mas a princípio parecia que ela apresentava algumas características da doença. O cordão umbilical estava enrolado três vezes em torno do pescoço dela, mas Zac conseguira cortá-lo antes movê-la rapidamente para começar a fornecer oxigênio...
>
> Então, fiquei lá deitada, impotente, enquanto aquela nova vida recebia oxigênio. Nunca tinha estado tão assustada em toda a minha vida. Por fim, ouvi um pequeno choro e eles a agasalharam, trazendo-a para mim. Eu soluçava. Estava em choque, assustada e não sabia o que fazer. Meu médico explicou que todos aqueles sentimentos eram completamente normais. E que eu precisaria de tempo para sofrer pelo bebê que nós pensávamos que iríamos ter.
>
> Isso aconteceu várias horas antes de eu conseguir ver novamente o bebê. Trouxeram uma incubadora para o meu quarto para que eu a monitorasse e para ajudar a regular sua temperatura. Mas ela não retornou até o neurologista e o cardiologista pediátrico conversarem com Zac, meus pais e comigo sobre os achados do ecocardiograma

> e informarem que Addie agora estava na UTI, onde permaneceria por cerca de três a quatro semanas.
>
> Os médicos saíram e eu continuei soluçando. Meus pais e Zac tentaram me consolar. Não entendia porque aquilo estava acontecendo conosco. Nem queria entender.

Conforme eu ouvia Erin contar sua história naquela noite durante o jantar, não conseguia imaginar como seria para a mãe que tem seu primeiro bebê enfrentar esse tipo de sofrimento e essas questões.

Por que a bebê precisou ficar na UTI durante quase um mês?
Por que precisou de um cardiologista?
Como os problemas de saúde de Addie estarão?
Como será seu futuro?
Como as outras pessoas reagirão a ela?

Muitos esforços e cirurgias seriam realizados ao longo dos dias e meses subsequentes, mas Erin contou o resto da história naquela noite. A história tomou um rumo que eu não previ, um rumo que levou Erin de uma condição de sofrimento para outra, de força. Aquilo que começou como uma tempestade caótica e derrubou suas expectativas, terminou em algo que agora é um panorama novo e belo, daqueles de tirar o fôlego.

Quando terminei de comer e comecei a saborear uma xícara de café, assim como nossos últimos instantes juntas, Erin perguntou-me: "Você gostaria de ver uma foto das minhas duas filhas?"

"Eu adoraria", respondi, "Não sabia que você tinha outra filha". Erin sorriu, enquanto me passava seu celular, onde havia a foto de suas duas meninas, Addie e Adrianna.

"Ela nasceu no Equador", Erin explicou. "Ela também tem síndrome de Down. Quando vi sua foto, soube que era nossa."

Sorri enquanto olhava a foto das duas irmãs abraçadas — e tenho de admitir, uma pequena parte de mim dizia: *Bam! Toma essa Satanás! Pensou que o sofrimento destruiria Erin, mas nas mãos de Deus ela é forte!*

Aquela era apenas uma parte de mim. A outra, que era a maioria, disse: *Obrigada, Pai, pelo fato de que, quando acreditamos em ti, com ou sem sofrimento, o Senhor nos transformais em guerreiras para o seu Reino.*

Não foi fácil para Erin chegar àquele ponto. Eu a incentivo a ler o blog dela, que mostra que ela percorreu um caminho longo e difícil, com muitos momentos de sofrimento, frustração e lágrimas. Mas mostra também o que Erin fez com seu sofrimento.

Ela o entregou a Cristo. No terceiro aniversário de Addie, Erin escreveu: "Tenho ouvido a canção 'Stronger', de Mandisa. Amo essa música e estou acreditando em Deus."

> Pois, se Deus começou esta obra em sua vida, ele será fiel em concluí-la.

A maior defesa contra a tempestade de mentiras que o inimigo usaria para drenar cada momento de alegria da sua vida é cercar a si mesma com a verdade da Palavra de Deus. Erin faz isso de diversas formas, por meio da igreja, da comunidade, de orações e mantendo a honestidade para com seu Pai, que sabe como esta vida pode ser difícil. Em vez de deixar a tempestade isolá-la do amor e cuidado de Deus, ela continua a se lançar aos pés dele.

Essa é a chave! E, acredite em mim, essa é a *última* coisa que o inimigo quer que façamos. Ele quer que o sofrimento nos afaste de Deus. Mas quando uma filha do Rei sofre e oferece sua dor e seu sofrimento a Cristo, o inimigo sofre uma grande derrota. Nós nos sentimos fortes? Não, nós sofremos. Mas ao aderirmos a essa troca divina e colocamos nossa tristeza em Cristo, nos tornamos fortes na força dele.

É fácil? Não. Mas quando foi que Cristo disse que seria fácil? Lembre que algumas de suas palavras finais aos amigos mais próximos foram: "[...] Neste mundo vocês terão aflições; contudo, tenham ânimo! Eu venci o mundo" (João 16:33).

Erin e seu marido não só deram as boas-vindas à pequena com síndrome de Down, como também abriram seus corações e sua casa a outra menina que há muito tempo esperava por alguém que enxergasse sua beleza.

E você? Que sofrimento você carrega sozinha? Quando a tempestade se enfurece dentro de você, onde você deposita a sua dor? Nos Salmos, Davi escreveu algumas palavras de verdade em que apoia a vida:

> O Senhor está perto dos que têm o coração quebrantado
> e salva os de espírito abatido (Salmo 34:18).

Você *não* está só. Não importa como você se *sente*, a Palavra de Deus nunca mente. Você não está sozinha!

Perto do chão

Em uma das noites mais sombrias da minha vida, quando eu literalmente não sabia se viveria para ver o dia seguinte, fiz a oração mais simples e gutural que jamais fizera:

"Jesus!"

Foi isso. Foi tudo que consegui.

"Jesus!"

Orei com lágrimas correndo pela minha face e soluços atormentando meu corpo.

"Jesus!"

Nessa mesma noite, escrevi em meu periódico: "Eu nunca soube que o Senhor vivia tão perto do chão."

Eu estava familiarizada com as grandes palavras de fé que encontramos nos hinos, as palavras que declaram a majestade e a glória de Deus.

Aquelas palavras estiveram em meus lábios muitas vezes, mas daquela vez eu havia sido arrastada para uma praia desconhecida, estava exausta, quebrada e indefesa. Foi aqui que me encontrei com Cristo, aquele que, embora forte, prefere ser fraco para que, quando você e eu estivermos arrasadas demais para falar, ele sussurre para nós.

ATRAVESSANDO SUA TEMPESTADE

Se neste exato momento você perceber que está sofrendo, quero lembrar-lhe de que Cristo está bem perto daqueles que sofrem. Em nossa cultura, aquilo que está quebrado é descartado, mas nosso Salvador jamais faz isso. Ele reúne cuidadosamente todos os fragmentos e, com o seu amor e no seu tempo, ele nos conserta.

A seguir, listo algumas coisas que me trouxeram paz durante as piores tempestades da minha vida.

1. Invoque o nome do Senhor. Invoque o nome de Jesus. A oração mais poderosa pode ser apenas uma única palavra, quando

é o nome daquele em cujos pés, um dia, todos os joelhos haverão de se dobrar.

2. Ofereça a Deus o seu sofrimento. Fale isso; conte a ele toda a verdade. Convide-o para entrar nos lugares mais escuros e brutais — e saiba que você será atendida.

> Quando me deito lembro-me de ti; penso em ti durante as vigílias da noite. Porque és a minha ajuda, canto de alegria à sombra das tuas asas. A minha alma apega-se a ti; a tua mão direita me sustém (Salmo 63:6-8).

3. Copie em cartões alguns trechos das Escrituras que signifiquem algo para você e mantenha-os sempre com você. Eis o que diz alguns dos meus:

> O Senhor, o seu Deus, está em seu meio, poderoso para salvar. Ele se regozijará em você; com o seu amor a renovará; ele se regozijará em você com brados de alegria (Sofonias 3:17).

> Os justos clamam, o Senhor os ouve e os livra de todas as suas tribulações. O Senhor está perto dos que têm o coração quebrantado e salva os de espírito abatido. O justo passa por muitas adversidades, mas o Senhor o livra de todas [...] (Salmos 34:17-19).

> Deus Pai,
>
> Meu coração está partido e estou com medo.
>
> A tempestade está estrondosa demais e as ondas, altas demais.

Esconda-me ao abrigo das suas asas, pois só tu és meu refúgio e força.

Ofereço-lhe este coração sofrido, como um sacrifício vivo em louvor a Deus, que não permitirá que a tempestade de tristeza se aposse de mim.

Amém.

CAPÍTULO 2

UM INVERNO LONGO E TRISTE

DA DECEPÇÃO À ESPERANÇA

Alguém mudou o roteiro. Minhas falas foram modificadas. Pensei que eu estava escrevendo esta peça.

— MADELEINE L'ENGLE, *TWO-PART INVENTION: THE STORY OF A MARRIAGE* [INVENÇÃO EM DUAS PARTES: A HISTÓRIA DE UM CASAMENTO]

Não só isso, mas também nos gloriamos nas tribulações, porque sabemos que a tribulação produz perseverança; a perseverança, um caráter aprovado; e o caráter aprovado, esperança. E a esperança não nos decepciona, porque Deus derramou seu amor em nossos corações, por meio do Espírito Santo que ele nos concedeu.

— ROMANOS 5:3-5

Após meu primeiro show nos Estados Unidos, saí do palco e ouvi estas palavras do meu empresário: "Isso foi decepcionante."

As palavras dele romperam meu coração como pedras. Eu sabia que era verdade e apenas não queira dar ouvidos. Tenho certeza de que eles haviam depositado muitas esperanças em mim quando encontrei o público, mas eu entrei em pânico e o medo do palco assumiu o controle.

Como uma jovem de 26 anos, eu era uma das artistas cristãs mais conhecidas da Inglaterra. Fui apresentadora do primeiro show de música cristã pela British Broadcasting Network. Meus álbuns atingiram o topo das paradas britânicas e fiz muitos shows. Mas, na verdade, eu era um peixe grande em um lago muito, muito pequeno.

Então assinei um contrato com a Sparrow Records, que me convidou para fazer uma turnê em vários estados. Eu faria a abertura do show de outro artista da gravadora, o legendário guitarrista cristão Phil Keaggy. Saí da minha casa, em Londres, e fui para Kansas para ensaiar com a banda de Phil. Estava empolgada e nervosa. Nossa turnê de seis cidades começaria em um dos maiores festivais de música do país. Eu nunca nem sequer tinha *visto* uma multidão de trinta mil pessoas, que dirá cantar para elas. Tínhamos uma ampla audiência na Escócia que reunia algumas centenas de pessoas, mas aquela multidão acrescentou várias milhas ao meu programa de pontos.

Amigos bem-intencionados me recomendavam voltar para casa. Um senhor da minha igreja reprovava o meu estilo de música. Ele desconfiava de qualquer som que não fosse hino, e me deu alguns conselhos antes da minha partida: "A sua música é barulhenta demais, Sheila", disse ele em seu irlandês. "Ninguém entende o que você está cantando, por isso tenha certeza de dizer algo importante e transmita alguma palavra das Escrituras nas suas musiquinhas."

Depois de todo aquele "apoio", meu diretor estava pronto para lançar outro míssil: "Não fale muito, Sheila. Apenas cante cada música com seu coração. Eu disse a todos que você é a próxima revelação!"

Carreguei a pressão daqueles conselhos até o palco. Momentos antes, naquele dia, vi a multidão de pessoas que começava a chegar e temi que pudesse entrar em pânico. Então, decidi escrever algo, alguma coisa que fosse profunda e significativa para dizer num momento cuidadosamente escolhido, entre as minhas músicas barulhentas e aparentemente incompreensíveis, porém alguma coisa que também não me tirasse o posto de "a próxima grande revelação"! Quando terminei, li o que escrevi e garanti que aquilo realmente teria a aprovação daquele senhor na minha igreja, ao mesmo tempo que não aborreceria meu empresário.

Uma coisa é observar dos bastidores uma multidão gigante, outra é ficar no centro de um palco e ver todos olhando para você. Ninguém nunca tinha ouvido falar de mim, eu era novidade e, honestamente, todos estavam ali apenas para ouvir Phil Keaggy. A banda começou a tocar a introdução da minha primeira música e uma voz totalmente irracional, ainda que estranhamente persuasiva, dentro da minha cabeça, gritou: *se cantar mais rápido, isso terminará mais rápido e você provavelmente se atrapalhará menos!*

Eu cantei tão rápido que terminei as primeiras músicas quase um verso à frente da banda. Eu tinha confundido os músicos, porém não mais do que a mim mesma. Então, apenas esperava que eles me alcançassem. Para piorar a situação, sou magra demais, então não havia nenhum movimento que eu pudesse usar para preencher o vazio. Apenas fiquei lá, parada, como um corpo esperando ser ressuscitado.

Sentindo que eu precisava de *alguma coisa* que salvasse minha apresentação, decidi dar à audiência a profunda compreensão de verdade teológica que eu tinha preparado. Puxei o pedaço de papel que guardara no bolso e o coloquei no suporte à minha frente. Mas uma rajada de vento veio não sei de onde e levou a folha de papel, soprando-a para longe do palco, e a jogou dentro de um latão de lixo.

O que fazer, se não improvisar? Um silêncio pesado se abateu sobre a plateia antes de eu fazer esta declaração profunda:

"Olá, América! Eu... eu... eu amo o cabelo de vocês!"

Sério? "Eu amo o *cabelo* de vocês"? *De onde você tirou aquilo?*

Até hoje, me encolho toda sempre que alguém inocentemente diz "amo o seu cabelo"! Eu quis tão desesperadamente dizer alguma coisa sobre o extraordinário amor de Deus, sobre como Deus dera uma nova vida a essa garota escocesa com poucas chances de sucesso, mas como me concentrei em um tipo de rosto em meio à multidão, tudo que consegui foi gaguejar uma declaração sobre questões capilares. Decepcionante *demais.*

Enquanto caminhava para fora do palco, completamente humilhada, pude ver a decepção nos olhos do meu diretor, antes de me dizer aquelas palavras horríveis.

Uma dura realidade

Decepção é uma palavra cruel. Refere-se a uma falha, a não estar à altura, à frustração. É uma palavra que gruda de imediato na alma e a diminui completamente. Pode vir com algo tão trivial quanto um filme *blockbuster* que falha em transmitir uma mensagem, ou parecer tão grave quanto um golpe que o faz cambalear.

Se você me pedir para escolher um adjetivo que finalmente conduza à esperança, eu não tenderia naturalmente para *decepcionada.* A decepção é a inimiga mortal da esperança. Ela nos enfraquece. Ela grita mais um *não* em um universo com poucas possibilidades de *sim*!

Recentemente, sentei e li algumas centenas de cartas que havia recebido de mulheres nos últimos meses. Respondi a todas elas, mas guardei algumas que de fato arrebataram meu coração. *Decepção* foi o assunto principal repetidas vezes.

"Eu queria ter cuidado da minha mãe e estado com ela quando ela estava deprimida. Estou muito decepcionada comigo mesma."

"Minha maior dificuldade é a decepção comigo mesma."

"Estou decepcionada com a minha vida."

"Estou amargamente decepcionada por ter falhado como mãe."

"Sofro e estou decepcionada com que vem a ser 'esposa de um pastor'."

"Estou muito decepcionada com o fato de que tudo que ensinei a minha filha sobre o amor de Deus não ter feito diferença para ela. Hoje, ela está na cadeia por causa do vício."

"Estou profundamente decepcionada por não me sentir realizada na vida, apesar de ser líder cristã."

"Estou decepcionada com Deus. Implorei para que salvasse meu casamento e ele não me atendeu."

Acredite em mim, a palavra *decepção* veio em um número *muito* maior de cartas do que as que citei. Dentre todas as questões que parecem nos perseguir, sendo mulheres, a decepção aparentemente é que mais nos deixa debilitadas. Ela pode estar dentro de nós mesmas ou fora, voltada para outra pessoa. E pode ser voltada até mesmo para Deus.

O que você diria sobre sua experiência com a decepção? Ao olhar para sua própria vida, consegue identificar as áreas em que encontrou (ou tem enfrentado) decepção?

- Decepção consigo mesma
- Decepção com seu casamento
- Decepção com as decisões que seus filhos tomam
- Decepção com o que a sua vida se transformou
- Decepção com Deus

Geralmente, nós achamos mais fácil exprimir nossa decepção com nós mesmas ou com os outros, do que falar sobre insatisfação com nosso Pai celestial. É difícil dizer em voz alta: "Deus, estou decepcionada com você!" Parece algo errado, até uma blasfêmia. O crítico no porão da nossa alma nos lembra de que a vida cristã deveria ser uma vida vitoriosa. Ninguém quer ser levantar, durante uma reunião de orações, e confessar que Deus o deixou cair. Nós queremos dizer a coisa *certa, espiritual, religiosa*, algo que faça os outros aplaudirem e dizerem amém!

Gosto da história que meu amigo dr. Henry Cloud conta.

Durante a aula, uma professora da escola dominical perguntou: "O que é castanho, tem uma cauda espessa e come nozes?" Como ninguém respondeu, ela repetiu a pergunta. "Vamos lá, classe", implorou ela aos alunos. "Vocês sabem a resposta! O que é castanho, tem uma cauda longa e espessa, e estoca nozes para o inverno?" Após outro silêncio, finalmente um garoto corajoso levantou a mão. "Bem", disse ele, "eu sei a resposta e é 'Jesus', mas fique sabendo que, para mim, mais parece um esquilo!"

A compulsão para dizer "a coisa certa" explica por que tantas de nós acabamos adoecendo espiritualmente.

Embora não admitamos com frequência, acho que todas nós queremos dar a resposta *certa* em vez de dizer aquilo que pensamos ser de fato a *verdade*. Porém, ouça o que digo: a compulsão por dizer "a coisa certa" explica porque tantas de nós acabamos adoecendo espiritualmente. Se esse tipo de pensamento — que o próprio Deus a decepcionou — é sussurrado no porão da sua alma, então abra a porta e deixe-o sair! Isso é sério. Pare agora mesmo e expulse esse pensamento da sua mente, pelo poder do Cristo ressuscitado. Os pensamentos e as emoções que escondemos na escuridão se transformam num parque de diversões para o inimigo, onde sua imundície tóxica se reproduz melhor.

> "Ele atendeu às preces *dela*, então por que não atendeu as minhas?"
> "Você cometeu erros demais. Deus lavou as mãos em relação a você!"
> "Lembra-se daquele aborto? É por isso que Deus não a ouve mais!"
> "Você é uma grande decepção para todos, até mesmo para Deus!"

Todas essas mentiras, e mais um milhão igual a elas, vêm direto das criptas mais profundas do inferno. Elas nos golpeiam na barriga e tiram nossa respiração, como um pedaço de madeira lançado facilmente por uma onda que bate com força na costa.

A conexão entre verdade e esperança

É provável que você tenha ouvido a frase: "Diga a verdade e envergonhe o diabo." Não conheço a origem dessa afirmação, mas é bastante sábia. A verdade é importante para Deus e conduz à esperança. A verdade é como um farol em meio a uma noite tempestuosa e escura como breu, que nos conduz na claridade por entre os sentimentos que nos fariam naufragar.

> Mostra-me, Senhor, os teus caminhos, ensina-me as tuas veredas; guia-me com a tua verdade e ensina-me, pois tu és Deus, meu Salvador, e a minha esperança está em ti o tempo todo (Salmos 25:4-5).

> O Senhor está perto de todos os que o invocam, de todos os que o invocam com sinceridade (Salmos 145:18).

> Deus é espírito, e é necessário que os seus adoradores o adorem em espírito e em verdade (João 4:24).

> Portanto, cada um de vocês deve abandonar a mentira e falar a verdade ao seu próximo, pois todos somos membros de um mesmo corpo (Efésios 4:25).

Honestamente, nós chocaremos Deus se deixarmos que saiba como de fato nos sentimos? Estamos fazendo algum bem as nossas almas ao mentirmos?

Veja bem, Deus é grande o bastante e o amor dele é fiel o suficiente para lidar com *qualquer coisa* que sentimos ou devemos enfrentar. Então, vamos parar por aqui e reconhecer a verdade: a vida pode ser profundamente decepcionante para nós. Se a Palavra de Deus não dá um fim nisso, então por que nós deveríamos? De fato, não é preciso ir muito longe nas primeiras páginas da Bíblia para encontrar decepção.

A verdade é como um farol em meio a uma noite tempestuosa e escura como breu, que nos conduz na claridade por entre os sentimentos que nos fariam naufragar.

Eva deparou com a decepção ao saber que sua desobediência a Deus deu vazão ao assassinato dentro da própria família, quando a raiva de seu filho mais velho o fez matar o irmão mais novo.

Noé, sozinho entre seus contemporâneos, continuou a caminhar com Deus. Se os dias lhe parecem negros agora, imagine ser a única família de todo o *planeta* a amar e glorificar a Deus.

Vejamos Jó e a decepção aumenta ainda mais. Jó não somente perdeu a família e todas as posses, como também a saúde. Não sei qual tipo de relação havia entre Jó e sua esposa antes de tudo isso acontecer, mas a tragédia que devastou o casal também minou o casamento deles.

No Novo Testamento, celebramos a chegada do Messias, mas até mesmo Deus, a partir de então, passa a caminhar com pés humanos e a decepção continua sendo uma realidade diária. Considere duas das melhores amigas de Cristo, Maria e Marta. Quando elas mais precisaram da ajuda de Deus, ele não apareceu. O irmão delas, Lázaro, morreu. Elas viram o que Jesus era capaz de fazer, curando pessoas totalmente desconhecidas. Como Jesus considerava Lázaro um amigo verdadeiro, certamente se apressaria para atender às necessidades dele, não se apressaria? Pois ele não se apressou.

E a história muda após a ressurreição? Não. Podemos vislumbrar como foi a decepção na vida de Paulo. Quando Paulo se tornou um seguidor apaixonado de Cristo, as dificuldades e decepções da vida se tornaram ainda mais intensas para ele. Ele passou por naufrágios, apedrejamentos, espancamentos e prisões. Então, não surpreende que Paulo tenha sido autor da seguinte declaração, profunda e desafiante:

> Não só isso, mas também nos gloriamos nas tribulações, porque sabemos que a tribulação produz perseverança; a perseverança, um caráter aprovado; e o caráter aprovado,

> esperança. E a esperança não nos decepciona, porque Deus derramou seu amor em nossos corações, por meio do Espírito Santo que ele nos concedeu (Romanos 5:3-5).

Quando Paulo escreveu essa carta dirigida à igreja em Roma, ele não era um novo crente em seu primeiro resplendor de fé. Não, ele já havia caminhado com Cristo por mais de vinte anos e enfrentara algumas das piores decepções que alguém poderia ter. Você lembra que, em uma manhã, ele se levantou cheio de esperança de levar o evangelho de Cristo a Filipos e, à noite, havia sido espancado, algemado e atirado a uma cela de prisão? Ele foi apedrejado e abandonado para morrer. Paulo não traçou seu curso de acordo com sentimentos opressores, e sim com base no que aprendera ser a verdade. Enquanto atravessamos uma época sombria, se tentarmos levar nossa vida de acordo com o que sentimos, acabaremos encalhadas nas rochas. Devemos navegar segundo o que sabemos ser a verdade, não importa o que sentimos.

A partir da sua profunda experiência, Paulo escreveu para a igreja, também para você e para mim, e nos revelou este cenário de decepção e esperança unidas em algum tipo de dança estranha. Nós precisamos desenrolar isso, pois normalmente você e eu não respondemos aos problemas com grande alegria. Ao ler um versículo como esse, costumo fazê-lo por meio de exemplos como os de amigos que sei que estão enfrentando algum tipo de decepção.

Penso em Linda, cuja filha Bethany tem de se submeter a uma cirurgia após a outra.

Penso em Maria, que luta contra a infertilidade e enfrenta a decepção todos os dias.

Você consegue se imaginar dizendo a Maria, enquanto ela sofre outro golpe, "Vamos, Maria. Anime-se. Isso a ajudará a construir sua fé!"

Dizer isso a alguém que esteja passando por uma situação de profunda decepção parece, na melhor das hipóteses, insensível e, na pior delas, totalmente incoerente. Acho que Salomão estava certo quando escreveu: "[...] tirar a própria roupa num dia de frio, ou derramar vinagre numa ferida, é cantar com o coração entristecido" (Provérbios 25:20).

Porém (e este um é enorme *porém*), perceba meu ponto de vista: acredito em cada palavra das Escrituras. Deus fala somente a verdade e a Sua Palavra infalível não pode mentir. Então, em vez de tentar fazer a Palavra de Deus se ajustar ao meu estado emocional, me comprometo a alinhar as minhas emoções à Palavra de Deus. Minhas emoções podem mudar em dado momento, mas a Palavra de Deus é Rocha sólida, então estou aprendendo a levar minhas emoções para aquilo que é sempre verdade, e não para aquilo que pode *parecer* ser verdade apenas por um momento. E quero fazer isso com integridade, em vez de pretensão. Diante de uma decepção recente, posso escolher entre o verdadeiro norte a âncora de desespero e negação. Para mim, isso implica numa conversa honesta e em voz alta com Deus.

> Senhor,
> Não vi o que estava acontecendo e, honestamente, jamais teria concordado com isso. Parece esmagador, mas tu prometeste que a decepção levada à cruz, no fim, conduzirá à esperança. Então, orientarei meu coração nesta direção e arrastarei meus sentimentos para junto da Estrela da Manhã.

Vamos recapitular. Se o Senhor prometeu que nossas decepções nos conduziriam a uma esperança forte e inabalável, então quero saber como o processo funciona. Nós vivemos dias bastante difíceis, então fingir que estamos bem quando na verdade estamos longe disso, não funciona. Nós precisamos lutar por uma fé *real*, que nos sustentará durante as tempestades mais ferozes.

Paulo sabia de tudo isso. Ele não escreveu sentando em uma poltrona confortável, enquanto tomava uma xícara de chá. Paulo sabia como era enfrentar perseguições e decepções. E, mesmo assim, ele declarou com veemência que os problemas e desapontamentos que enfrentamos nos ajudariam a desenvolver resistência nas mãos de Deus e, à sua maneira magnífica e misteriosa, ele faria a beleza surgir das cinzas. A resistência, por sua vez, dá origem à força de caráter que, então, constrói uma esperança confiante de salvação. Paulo escreveu esta última afirmação com uma convicção absoluta: *E a esperança não nos decepciona!*

Uma virada na maré

Entretanto, tenho uma pergunta para você e também para mim.

Como tudo isso pode acontecer?

Como passamos da noite mais escura da decepção para a esperança profunda que Paulo descreve? Ou será que temos de fazer uma viagem longa e penosa para começar a vislumbrar a esperança apontando no horizonte?

Raramente ensinamos sobre decepção na igreja. E, para piorar as coisas, nossa cultura tem pouco conhecimento para lidar com esse sentimento.

Não me leve a mal, eu amo os Estados Unidos. Amo o modo como essa nação apoia seus heróis e celebra a pátria. Amo o modo como são distribuídas oportunidades infinitas para as pessoas se destacarem aqui. Mas me preocupo com o perigo oculto entre todas as belezas e oportunidades. *Esquecemos de ensinar às pessoas a conviver com a realidade da decepção.* Esse conhecimento não vem naturalmente e, quando falhamos em aprendê-lo, podemos nos sentir tentados a jogar a toalha diante do primeiro sentimento de dificuldade. Ou, pior ainda, podemos perder semanas, meses e até anos da nossa vida tentando nos recuperar de algo que tememos poder nos destruir; até a tempestade se acalmar e nós vermos que Cristo está no controle da situação, não importa como as coisas tenham nos parecido ou quais sentimentos tenham produzido em nós.

Embora a decepção nos machuque, a dor não tem de se tornar nossa inimiga. O que transforma a dor em nossa inimiga ou amiga é o modo como lidamos com ela. Como mãe, considero mais difícil manter essa distinção do que em qualquer outra situação. Quero proteger meu filho contra todas as decepções da vida! E, mesmo assim, quando tento, acabo causando um grande prejuízo a ele, porque a decepção faz parte da vida. Quando nós falhamos em admitir esse fato, tendemos a ver a decepção como um desastre, e não como uma chance de aprender e crescer, um caminho para a esperança real. Por esse motivo, devemos aprender a reconhecê-la como uma virada da maré, e não como o fim de uma jornada.

Nem todas as decepções são monumentais, como parecem à primeira vista. E, às vezes, as pequenas decepções são as que mais nos desesperam — um espinho, em vez de uma ferida aberta. Tive de aprender essa última lição mil vezes!

Na primeira vez, em 2012, entrei para os Vigilantes do Peso. Queria perder nove quilos. Isso talvez não fosse muito para algumas pessoas, mas era o suficiente para ditar o que eu podia e não podia usar do meu armário. Eu não sabia se esse programa funcionaria tão bem para mim, já na casa dos cinquenta, quanto funcionara na casa dos quarenta, mas decidi tentar.

Temos de aprender a reconhecer a decepção como uma virada da maré, e não como fim da jornada.

Fique maravilhada com a liberdade do programa. Gradualmente, semana a semana, fui perdendo peso e alcancei minha meta depois de três meses. Maravilhoso! Eu vibrava! Que alívio foi alcançar minha meta de peso!

Mas, então, parti numa viagem internacional para a Etiópia com a World Vision. Voamos de Dallas a Amsterdã, na Holanda, depois para Nairóbi, no Quênia, e de lá para Adis Abeba, na Etiópia. Os Vigilantes do Peso forneceram muitas ferramentas, mas todas dependiam de um detalhe: tinham realmente de ser *usadas*. Na África, fomos alertados para não comer frutas nem verduras frescas, que poderiam prejudicar nosso sistema digestivo. Mas ninguém falou nada sobre comer bolo...

Em seguida, voamos para Londres, para nos unirmos a Bobbie Houston e Christine Caine, na Hillsong Australia's Colour Conference for Women. Saímos para tomar um chá da tarde e, quando nossos anfitriões nos ofereceram um prato de *scones* caseiros com creme, bem, quem seria tão deselegante para recusar?

Você já pode imaginar o resto da história.

Um a um, os quilos que eu perdera foram lentamente sendo recuperados. Eu os chamo de "quilos-correio", pois vêm com endereço de origem. Voltando à vida real, eu estava às voltas com um especial de Natal em que seria a anfitriã em um show transmitido por rádio e televisão nos Estados Unidos e em outras partes do mundo. Mas continuava pensando, *na semana que vem. Se eu começar na próxima semana, terei um mês inteiro para encolher.*

Nem preciso dizer que, quando assisti ao show no computador de casa, minha aparência me deixou descontente. O camarim quente demais e a roupa justa demais conspiraram para me fazer parecer um grande e suado monstro da neve.

Decepcionante!

Infelizmente, nem toda decepção é tão banal e fácil de consertar. A realidade pode ser muito, muito mais cruel. Talvez, você conviva há anos com uma decepção. Eu costumava viajar pela Europa com minha banda, e o inverno é a pior época para visitar alguns países no Norte da Europa. Se você for para a Noruega, por exemplo, verá apenas uma hora de luz do dia. A escuridão é eterna e implacável. Talvez seja o modo como você se sente. Você ora e ora, até não ter mais palavras para dizer. Olha para as pessoas ao seu redor e vê suas vidas em ordem. Claro, elas também têm os próprios momentos de luta — mas não como os seus.

Penso em uma mulher que, há 14 anos, vem anualmente me ouvir falar. Olho para ela, em meio à multidão, quando vou à cidade em que vive, e depois encontramos um lugar tranquilo para conversar. Sua luta obstinada pela saúde a deixa debilitada. Às vezes ela escreve algumas linhas para mim no Facebook ou no Twitter, apenas dizendo, "Ore por mim, por favor. Sinto que estou perdendo a esperança." Oro de boa vontade e ofereço todas as palavras de encorajamento que posso, mas tenho consciência de que pouco posso fazer para minimizar as decepções diárias que ela enfrenta na vida. Eu luto com isso. Não tenho versículos nem palavras celestiais de discernimento que ofereçam uma solução rápida, tampouco uma poção mágica para fazer sua dor sumir.

Há momentos em que fico imaginando se os crentes passam por momentos ainda mais difíceis fazendo as pazes com a decepção do que sofrendo. Se você raspar a superfície do sofrimento, a decepção aparece logo embaixo? Esse veneno nos mantém doentes?

Eu fico pensando, pois, como filhas do Rei, nós celebramos um Deus Todo-Poderoso e Todo-Amor — e a verdades da decepção não é coerente com a de um Deus de amor onipotente. Vamos imaginar que você tenha um filho que abandonou a fé. Toda noite, você se ajoelha e implora a Deus para trazer seu filho para junto dele novamente. Você ora dia sim e outro também, semana após semana, um mês após o outro... e nada acontece. À primeira vista, parece que lhe resta o seguinte dilema:

Deus é amor, mas meu filho não volta para casa; então, Deus não pode ser poderoso.

Ou,

Deus é poderoso, mas meu filho não voltou para casa; portanto, Deus não pode ser amor.

A questão complica ainda mais quando você soma o fato de que algumas pessoas que oram recebem *exatamente* o que pedem — via Sedex 10. Então, o que isso significa? Deus tem favoritos? Quando comparamos vidas, parece difícil acreditar que o Deus do universo ama cada um de nós com o mesmo amor impetuoso e apaixonado. E, quando não acreditamos que ele igualmente ama a todos nós, então lutamos para acreditar nele mesmo assim. Como escreveu Herman Melville:

> "O motivo que leva uma multidão temer a Deus, e uma minoria a não rejeitá-lo, é a descrença no coração dele e crença de que ele é todo-cérebro, como um relógio."[1]

Certamente, é um desafio para nossa fé sustentar essas duas verdades como sendo absolutas, apesar da contradição evidente. Deus *é* Todo-

-Poderoso e Ele é amor puro e indissolúvel. Mas Ele *não* é um gênio que aparece quando esfregamos a lâmpada mágica e nos concede três desejos.

Se você estivesse passando por uma fase de profunda decepção, o inimigo faria você crer na mentira de que Deus não a está ouvindo nem se importa com você. Ele apontaria as circunstâncias dolorosas e as apresentaria como evidência irrefutável.

Como filhas do Rei, não podemos viver assim! Temos de sustentar a verdade da Palavra de Deus acima de nossos sentimentos desesperados de decepção, tendo em mente que ele se importa e nos ama mais profundamente do que jamais saberemos.

As perguntas continuam

Muitas das histórias contidas nas Escrituras acendem nossos questionamentos sobre a decepção:

Por que deixaste isso acontecer, Deus?
Por que eles tiveram de sofrer tanto e por tanto tempo?
Por que tu não intervistes?

Essas são perguntas profundamente tocantes e difíceis para mim, que assombram uma das histórias do evangelho de Marcos. Sem dúvida, você a conhece muito bem, então talvez me perdoe por ir um pouco mais além dos detalhes que nos são fornecidos, e imagine como pode ter sido a vida desta mulher.

Ela sentia-se solitária, desesperadamente sozinha. Em alguns momentos, quando finalmente deitava a cabeça no travesseiro, percebia que não tinha dito uma única palavra o dia inteiro. Ela quase esqueceu como era o som da própria voz. O dia virava noite, repetidamente, como uma roda girando, implacável. As brisas leves do verão davam lugar a uma estação mais fria, e ela assistia a tudo pela janela. Nos dias que a chuva caia torrencialmente e alagava as ruas, carregando folhas e ramos de árvores para o rio e limpando tudo que encontrava pela frente, ela desejava que também pudesse ser limpa tão facilmente.

Às vezes, durante a noite, quando a lua se escondia e somente as estrelas acendiam o céu, ela saia de casa e perambulava pelas ruas. Ela se lembrava de uma criança dançando com os amigos e a família, levantando poeira pelo caminho. Ela passava pela casa de amigos e familiares, desejando estender a mão e bater à porta, para então vê-la se abrir e receber um sorriso de boas-vindas, seguido de um abraço caloroso, e ser levada a um lugar junto à lareira. Mas ela continuava andando.

As noites mais escuras se tornaram suas melhores amigas. Ela nunca ia muito longe, pois seus ossos delicados impossibilitavam jornadas longas. Ela sabia seus limites; até que distância poderia ir antes de dar a volta e retomar o caminho para sua casa silenciosa. Embora os joelhos dela doessem, com os ossos delgados comprimindo uma camada de pele ainda mais fina, ela ajoelhava ao lado da cama, toda noite, antes de se refugiar em seus cobertores gastos. E ela orava: "Oh, Deus de Abraão e Isaac, Deus de Davi, tenha piedade de mim agora! Permita que sua graça recaia sobre mim, eu rogo. Eu sou nada, a menor de todas as criaturas, tenha misericórdia de mim agora. Estou suja e só tu podes me tornar limpa de novo. Tenha piedade de mim agora." Ela perdeu a conta das semanas, meses e anos que passara dizendo sempre esta mesma oração. Todas as noites, porém, ela se ajoelhava mais uma vez.

Certa manhã, ela ouviu uma conversa animada vinda da janela, enquanto uma multidão passava pela rua. As pessoas falavam sobre um curandeiro. Falavam de milagres, de cegos que voltavam a enxergar — coisas que somente um enviado de Deus poderia fazer. Todos estavam indo ao encontro dele.

Ela desejou veementemente seguir a multidão, para compartilhar da excitação e da esperança daquelas pessoas, mas não tinha o direito de se unir a nenhuma multidão. A Lei deixou claro que, a menos que seu sangramento cessasse por no mínimo sete dias, tudo e todos que ela tocasse se tornariam amaldiçoados como ela. E, mesmo assim, ela pensou, *e se esta for minha última chance?*

Sendo assim, o que ela tinha a perder? Como seria possível que sua situação fosse mais desoladora do que já era? Seu dinheiro havia esgotado e sua aparência se tornava cada vez mais abatida, toda vez que via sua imagem refletida. Era agora ou nunca.

Ela pegou a velha capa e a colocou ao redor do corpo, cobrindo boa parte de sua face torturada. Então seguiu a multidão, sempre mantendo uma pequena distância das outras pessoas. Finalmente, eles chegaram onde estava o curandeiro.

Se ao menos eu conseguir tocar no manto dele, apenas na borla, ficarei curada, pensou ela. Quando percebeu uma oportunidade, não deixou passar. O curandeiro tinha voltado para seguir outro homem e, por um instante, um pequeno espaço se abriu em meio à multidão. Com toda a força que restava em seu corpo esgotado, ela conseguiu chegar até ele e tocar na borda de sua roupa.

Instantaneamente, como o raiar de um dia no horizonte, o sangramento parou. Não poderia haver mais dúvidas. Ela sentiu uma inteireza profunda em todo o corpo. Sufocou um pequeno grito de alegria que surgiu em seus lábios, virando-se para se afastar rápida e silenciosamente da multidão, quando, de repente, o curandeiro falou: "Quem me tocou?"

Ela entrou em pânico. Parecia que o coração havia parado de bater em seu peito. Ela pensou que conseguiria sair de lá sem ser notada, mas agora seria descoberta. Entretanto, o curandeiro não a apontou e simplesmente esperou. Ela também ficou esperando — congelada, aterrorizada, sozinha. Ela quebrou a Lei e sabia disso, mas seu desespero a tinha levado aos pés dele. Ela não podia mais conter a aflição e a decepção que se acumularam dentro dela. Atirou-se novamente aos pés do curandeiro e derramou a sua dor... E o curandeiro ouviu! E, em seguida, falou com ela. Ele ouviu toda a sua história, apesar de sua voz ter se tornado rouca em consequência da explosão de sentimentos, o que lhe era tão incomum. Então, o curandeiro conversou com ela. Ele a olhou e disse: "Filha, a sua fé a curou! Vá em paz e fique livre do seu sofrimento."

Seria possível? Ele a chamara de "filha"! Há muitos anos que ninguém a chamara de algo parecido — mas ele a chamara de filha.

À noite, ao deitar a cabeça sobre o travesseiro, refletiu: *Queria que o sangramento cessasse. Isso é tudo que pensei que precisava. Não imaginava que precisava de muito mais do que isso. Preciso pertencer. Olhei na face de Deus... e o vi sorrir.*

Eu costumo fazer uma pausa nas palavras finais que Cristo disse à mulher. A única coisa que posso fazer é pensar sobre a importância daquelas palavras. Ele lhe disse para ir e *ficar* livre — mas ela já *estava* livre, não estava? No momento em que ela tocou a borda das vestes de Cristo, o sangramento cessou. Então, o que mais havia para ser liberto?

Muito mais!

Acredito que a mulher precisava ser livre de todas as mentiras que ficaram atormentando a cabeça dela por mais de uma década. Ela precisava se libertar da vergonha e da decepção. Ela precisava se libertar da autoaversão que carregava sobre os próprios ombros, como se fosse um casaco pesado. Quando limitamos a salvação a um único ato ou compromisso que assumimos com Cristo, perdemos a beleza e a profundidade da salvação global que ele deseja nos conceder.

Ela queria estar salva, mas Jesus a queria salva por inteiro. Em grego, palavra para "salvação" é *sozo*, que significa "salvar e curar". Os planos de Cristo para cada um de nós não são menos do que isso. Ele não quer nada menos do que isso para *você*. Cristo continua trabalhando em nossa vida — bem depois de encontrarmos a fé — enquanto expõe os pontos de ruptura onde perdemos a esperança, convidando-nos a trazê-los *todos* para junto dele. Essa mulher partida deu a Cristo (e a nós) o belo presente de sua história: a coisa toda, incluindo a dor e a decepção. E ele a recebeu! Naquele dia, ela foi para casa como uma esperança dentro de si. E não apenas porque o sangramento parou! Não, ela voltou para casa com alegria porque contara a Jesus toda a verdade... e tudo estava bem.

Quando limitamos a salvação a um único ato ou compromisso que assumimos com Cristo, perdemos a beleza e a profundidade da salvação global que ele deseja nos conceder.

Você alguma vez já fez isso?

Você alguma vez falou com ele sobre as coisas que empurra para o fundo do porão da sua alma, esperando jamais voltar a vê-las?

Você alguma vez disse *em voz alta* as decepções que teve na vida?

O inimigo ama nos atormentar de todo jeito. Ele ama levar nosso lixo para fora e nos enfrentar com o fedor. Mas quando levamos toda a verdade até Jesus, o poder de um segredo escondido por muito tempo simplesmente desaparece. E *somente* quando você conta a Jesus toda a verdade, derramando tudo aquilo que você vê como feio e irreparável, consegue alcançar a bênção de ouvi-lo sussurrar do canto mais profundo do seu coração: "Filha, a sua fé a curou! Vá em paz e fique livre do seu sofrimento."

Jesus quer possuí-la por *inteiro*. Você está sendo oprimida pela decepção consigo mesma, com outras pessoas ou com Deus? Conte toda a verdade a Cristo. Nós jamais entenderemos, deste lado do paraíso, a profundidade do amor de Deus. Mas nós temos um convite glorioso de trocar nossa decepção pela esperança segura e certa que temos em Cristo.

Ainda há mais dúvidas

Contudo, muitas questões difíceis ainda persistem. Cristo não concede a todas as mulheres a graça de um encontro tão dramático quanto aquele vivenciado pela mulher da história do evangelho de Marcos. Então perguntarmos: se Deus nos ama da mesma forma, por que uma mãe roga pela restauração de sua família sem nada conseguir, enquanto outra que ora com a mesma intensidade encontra rapidamente esperança e tem sua oração atendida? Por que Deus intervém quando oramos pedindo cura, mas às vezes nenhuma cura acontece — ou, pelo menos, não de uma forma que faça sentido para nós?

Não temos respostas satisfatórias. Somente consigo destacar o que o profeta Isaías escreveu sobre Deus: "Pois os meus pensamentos não são os pensamentos de vocês, nem os seus caminhos são os meus caminhos" (Isaías 55:8).

Mesmo assim, ainda reflito sobre João Batista.

Mais ou menos no final de seu sacerdócio de fé, João repetiu várias vezes uma palavra de verdade para as autoridades da fé na época e acabou sendo preso. Quanto mais tempo ele ficava lá, apodrecendo no escuro, mais curioso ficava. Por fim, ele pediu a seus seguidores que perguntassem a Jesus "Dirigindo-se a Jesus, aqueles homens disseram: 'João Batista nos enviou para te perguntarmos: És tu aquele que haveria de vir ou devemos esperar algum outro?'" (Lucas 7:20). Talvez você se identifique com a pergunta de João. Talvez você tenha feito o que pensava que Deus havia dito que fizesse, sacrificando-se pela missão de Cristo, no entanto você se vê em algum tipo de "prisão" decepcionante. A confiança que você depositava em Jesus (lembre-se da mensagem inicial de João descrita em João 1:29: "Vejam! É o Cordeiro de Deus, que tira o pecado do mundo!") morre na sua garganta e você afunda em um profundo desânimo, querendo saber se você entendeu direito ou se Deus entendeu errado.

Jesus não respondeu a João como esperávamos. Ele não apareceu na prisão envolvendo com o braço forte os ombros do primo desencorajado, terminando assim o resto da história: "Não se preocupe, João. Tudo estará bem, não importa como você esteja se sentindo agora. É claro que sou o Messias! Apenas exerça a sua fé e eu o tirarei desta jaula imunda em um piscar de olhos." Em vez disso, ele curou imediatamente um bando de doentes, exorcizou demônios, salvou coxos, devolveu a visão a cegos (algo que nenhum profeta do Antigo Testamento fizera. Deus reservou esse milagre para ser um sinal exclusivo do sacerdócio do Messias) e pregou o evangelho. Então, Jesus voltou-se para os discípulos de João e disse: "Voltem e anunciem a João o que vocês viram [...]", e por fim acrescentou, "feliz é aquele que não se escandaliza por minha causa" (Lucas 7:22-23).

Agora, por que ele disse *aquilo*? Por que Jesus tinha acabado de fazer todos aqueles maravilhosos milagres libertadores para *outras* pessoas, enquanto o fervoroso João continuava preso? Abençoado é aquele que, ainda que bombardeado por sentimentos de decepção, continua amando o Deus que nem sempre o entende.

E essa é a dura realidade da vida, não é? Deus, em Sua graça soberana, cura alguns e outros permanecem doentes. Ele levanta alguns do túmulo, enquanto outros morrem. Ele liberta alguns prisioneiros, enquanto outros definham por anos — ou acabam sendo executados por lá. Por quê? Eu não sei.

Todavia, sei que às vezes nós agimos como se Deus fosse obrigado a realizar todos os nossos sonhos e fazer todos os destinos na face da Terra terem finais felizes. Empregamos tanto um discurso do tipo "Deus o ama até debaixo d'água!", que esquecemos que vivemos em uma zona de guerra, em que casualidades ainda acontecem. E quando *nós somos* uma casualidade, os sentimentos que transbordam nos fazem duvidar de nós mesmos e nos perguntar se ouvimos Deus corretamente (se tivéssemos ouvido, estaríamos fora da prisão?), ou até duvidarmos da existência do próprio Deus.

Talvez fosse isso que Jesus pretendia dizer com sua Palavra pessoalmente dirigida a João: "[...] feliz é aquele que não se escandaliza por minha causa." Jesus aparentemente não seguiu o roteiro que João esperava que ele seguisse — e quem não acha normal se entregar aos sentimentos de desespero quando acontecem coisas ruins que estavam fora do roteiro?

A decepção e a prisão andam juntas, de modo bastante natural. Jesus não ofereceu a João a carta de "saída da prisão" — embora ele certamente pudesse ter feito isso e, de fato, exatamente assim o fez, mais tarde, para Pedro (veja Atos 12). Em vez de abrir as porta da prisão para João, ele prometeu uma bênção divina para todos aqueles que continuassem crendo nele *mesmo quando ele seguir um roteiro muito diferente daquele que imaginaram que deveria seguir*.

Neste exato momento, você pode estar se sentindo como João: cansada, desanimada e confusa. E mesmo que não esteja (louve a Deus), cedo ou tarde é provável que também venha a se sentir assim. Jesus deu a João, a você e a mim algo sólido, esperançoso e forte — algo "abençoado" — para nos manter pelo resto de nossas jornadas, não importa como elas possam parecer.

João *não* se enganou. Jesus *era* o Messias. Deus *descera* a Terra por amor e graça, para salvar seu povo sitiado. E quando você continua acreditando, apesar das circunstâncias difíceis, então as bênçãos reais, verdadeiras e divinas serão suas, mesmo que não cheguem à sua porta no pacote enfeitado com laços que você imaginava, esperava ou queria.

Não, nós continuamos desconhecendo a vasta extensão da bênção divina, até o julgamento final. Mas o gosto do que nós conseguimos ter aqui ainda traz esperança, encorajamento e força àqueles que assistem a Deus atuar *em* nós, mesmo que não seja isso o que pensávamos querer. Então, é errado ou tolo orar com todo o nosso coração a Deus para que ele nos liberte de nossas prisões? Não totalmente. Ele, em Sua graça e bondade, poderia fazer exatamente isso ou até mais. Mas isso é ele quem decide, e não nós.

Nosso dever, aconteça o que acontecer, é continuar acreditando e seguindo Jesus, certos de que uma bênção divina *está* a caminho. No meio da pior tempestade imaginável, nós amarramos nosso coração e nossa alma no mastro da promessa de Deus de que a decepção nos conduzirá à esperança. Não significa que não ouviremos os gritos das mentiras do inimigo à noite, mas que nos recusaremos a traçar nosso curso com base neles.

Uma verdade mais profunda

Então, o que podemos dizer da mulher que enfrentou uma luta agonizante por mais de vinte anos? Que esperanças podemos oferecer?

Aquela mulher talvez seja você. A mulher no meio da multidão, sofrendo há mais de 12 anos. É possível que você se sinta oprimida por uma situação esmagadoramente decepcionante, da qual pareça ter poucas chances de sair. O que a Palavra de Deus tem a dizer para você ou para alguém que esteja em uma situação assim?

Deus talvez esteja chamando você e eu para conhecer uma verdade mais profunda sobre o que significa desistir de controlar nossa vida, até que tudo que queiramos seja apenas o Senhor. Durante anos, a mulher descrita no história de Marcos fora apontada assim: "Olha, lá vai a mulher com problema no sangue." Agora, ela não já não é definida por um *problema*, e sim por sua *identidade* como filha de Deus.

Em nossa doença, desejamos a cura, mas o desejo que sentimos vai além de qualquer cura física. Nós não sabemos quanto tempo aquela mulher viveu após ter sido curada, mas posso garantir o seguinte: veio o dia em que ela deu seu último suspiro e se foi. Jesus trouxe Lázaro de volta para as irmãs dele, depois de ele ter ficado quatro dias dentro de uma tumba, mas um dia ele também morreu. (E de novo!)

A verdadeira cura que todos nós desejamos não é nada menos que uma relação contínua com Deus, nosso Pai. Ninguém pode trocar sua identidade como filha de Deus. Para cada *não* que você recebe na vida, Cristo lhe dá um *sim* definitivo, que foi concretizado na cruz. Paulo estava certo:

> Por isso não desanimamos. Embora exteriormente estejamos a desgastar-nos, interiormente estamos sendo renovados dia após dia, pois os nossos sofrimentos leves e momentâneos estão produzindo para nós uma glória eterna que pesa mais do que todos eles (2Coríntios 4:16-17).

Para mim, essa parece a mesma mensagem que Jesus transmitiu a João Batista. Nós temos uma esperança eterna, mantida na segurança de Cristo para nós, em que nenhum mentiroso jamais poderá tocar. Não se trata de um sentimento, e sim da verdade pura e indissolúvel.

ATRAVESSANDO SUA TEMPESTADE

Um dos aspectos da decepção que talvez seja mais sutilmente sentido é o seu efeito debilitante. É diferente da tempestade do sofrimento, que varre e dizima a paisagem em questão de segundos. Não, a decepção mais parece uma noite de inverno sem fim. Talvez, onde você está agora, seja duas horas da madrugada. Se for, minha querida irmã, quero que você tenha em mente que, não importa o que seus sentimentos lhe disserem, a verdade permanece — você não está sozinha.

1. Você dispensaria alguns instantes para escrever, com a máxima honestidade, todos as decepções que teve na vida, não importa

o quão banais elas possam ter sido? E, ao lado de cada decepção, você escreveria "a esperança não nos decepciona"? Guarde isso como um propósito de fé e veja, com o passar do tempo, como Deus trouxe a promessa de livrá-la do inverno mais tenebroso.

2. Amo o que o teólogo Miroslav Volf escreveu: "Embora seus corpos e almas possam ser violentados, mesmo assim continuamos sendo templo de Deus — às vezes um templo em ruínas, mas ainda assim um espaço sagrado."[2] Você estaria disposta a continuar em adoração, mesmo estando em ruínas, uma vez que seu corpo e sua alma são a morada de Deus?
3. Você pediria a Deus para ter olhos que lhe permitissem enxergar, mesmo através da sua noite escura, outras pessoas que são lançadas à deriva e ser um farol de esperança, não importa o quão fraca a sua luz possa parecer?

Guarde estes versículos no seu coração.

> "[...] também nos gloriamos nas tribulações, porque sabemos que a tribulação produz perseverança; a perseverança, um caráter aprovado; e o caráter aprovado, esperança. E a esperança não nos decepciona, porque Deus derramou seu amor em nossos corações, por meio do Espírito Santo que ele nos concedeu" (Romanos 5:3-5).

Senhor de todas as fases da minha alma, ofereço minhas decepções mais profundas a ti, crendo que apenas tu podes fazer a manhã surgir da noite mais escura.

Amém.

CAPÍTULO 3

NAVEGANDO EM ÁGUAS TURBULENTAS

DA FALTA DE PERDÃO À LIBERTAÇÃO

Todos dizem que o perdão é uma ideia maravilhosa,
até terem que perdoar algo.

— C.S. LEWIS, *CRISTIANISMO PURO E SIMPLES*

Portanto, como povo escolhido de Deus, santo e amado, revistam-se de profunda compaixão, bondade, humildade, mansidão e paciência. Suportem-se uns aos outros e perdoem as queixas que tiverem uns contra os outros. Perdoem como o Senhor lhes perdoou. Acima de tudo, porém, revistam-se do amor, que é o elo perfeito.

— COLOSSENSES 3:12-14

O dr. Lloyd John Ogilvie nos conta uma história engraçada sobre um padre que em uma manhã de domingo, foi para o coro de sua igreja e disse as tradicionais palavras: "O Senhor esteja convosco." As pessoas então deveriam responder, "Ele está no meio de nós", mas nada disseram. O dr. Ogilvie prosseguiu:

> Como a nave e o coro (a área da catedral mais próxima do altar) estavam afastadas a certa distância, o padre dependia totalmente do sistema de som. A congregação não ouvira as palavras iniciais porque dois pequenos fios do microfone estavam desconectados. Captando o olhar de outro padre que estava no coro, ele deu algumas batidinhas no microfone que segurava com a mão. Ao fazer isso, os dois fios foram reconectados e o que ele disse ao outro padre foi transmitido bem alto por todo o santuário. "Tem algum problema com esse microfone!", ele gritou. E as pessoas, com uma resposta decorada, disseram: "Ele está no meio de nós."[1]

Essa história é engraçada, mas me fez refletir sobre as emoções mais profundas que podem assaltar nosso espírito e nos afundar em águas turbulentas.

Como penso e oro pelas questões abordadas neste livro, meu espírito adquiriu uma grande experiência relacionada ao perdão. Uma profunda revelação espiritual sobre *essa única questão* poderia mudar nossas vidas.

O inimigo atirará muitas coisas em nós para nos tentar e nos derrubar: desânimo, medo, vergonha... É uma lista longa. Acredito, porém, que nós simplificamos o inimigo de Jó em termos de perdão. Quando alguém nos fere ou engana, sejamos francos, nós não *quere-*

mos perdoar. Então, várias vozes internas contribuem para dar asas a essa batalha mental:

Isso é um erro!
É injusto!
Como ela pode?
Você arruinou a minha vida!
Eles nem mesmo se desculparam!
Se eu perdoar, isso ficará impune.

Dentre todas as cartas que recebi de tantas mulheres ao longo dos últimos anos, as mais sérias eram todas relacionadas ao perdão. Muitas vidas foram arruinadas ou ficaram estacionadas por causa da falta de perdão de alguém. Contudo, não acredito em perdão "fácil e barato". Um vislumbre da cruz de Cristo e fica evidente que comprar nosso perdão custou a ele *tudo o que tinha*. O verdadeiro perdão tem de *valer*. Quando com um sorriso amarelo dizemos: "*Tá* bom, vamos esquecer tudo"; ou quando mentimos, dizendo: "Não posso esquecer, mas perdoo em nome de Jesus", não estamos levando a Bíblia em consideração.

Então, o que é o verdadeiro perdão?

Falta de perdão = rebelião

Muitas pessoas alegam que se recusam a perdoar porque não sentem que perdoam. Entretanto, o perdão genuíno normalmente não envolve emoção. Na maioria das vezes, perdoar significa ajustar nossa vontade e nossos sentimentos para se alinharem à vontade de Deus, como um ato de obediência. Recusar perdão (seja a nós mesmos ou a outra pessoa) nos coloca em rebelião direta contra Deus.

Isso soa estranho para você?

Espero que sim. Falta de perdão mutila o corpo de Cristo e cede espaço significativo ao inimigo. Homens sobem ao púlpito todos os dias cheios de amargura em seu coração e, mesmo assim, querem saber para onde foi a alegria do sacerdócio. Trabalhar em tempo integral no sacerdócio é um chamado e não uma encenação. Apenas a submissão ao Espírito Santo pode mudar um coração teimoso.

Recusar perdão (seja a nós mesmos ou a outra pessoa) nos coloca em rebelião direta contra Deus.

Rosalind Goforth, em sua autobiografia, rememorou a própria incapacidade de perdoar que manteve por anos, enquanto era missionária na China. Robert J. Morgan reconta a história dela:

> Era uma raiva interna que ela abrigava contra alguém que tinha feito muito mal a ela e ao seu marido Jonathan. Foi uma ferida grave sobre qual o casal nunca mais voltou a falar. Mas enquanto Jonathan parecia ter perdoado facilmente o malfeitor, Rosalind se recusava a fazer o mesmo.
>
> Por mais de um ano, ela não conversava nem cumprimentava aquela pessoas, que viviam perto deles, na estação missionária na China. Passaram-se quatro anos sem que a questão fosse resolvida e, até certo ponto, fora esquecida.
>
> Certo dia, os Goforth viajavam de trem para participar de um encontro religioso realizado em algum lugar na China. Há meses, Rosalind sentia certa impotência em sua vida cristã e no ministério. Em sua cabine do trem, ela inclinou a cabeça e implorou a Deus para que fosse tomada pelo Espírito Santo.

"Inconfundivelmente clara, a Voz Interior disse: 'Escreva para (aquele por quem sentia ódio e rancor) e peça perdão pela forma como o tem tratado.' Minha alma inteira clamou 'nunca!' Mais uma vez, orei como antes e, de novo, a Voz Interior falou tão claramente quanto antes. E novamente eu clamei de todo o coração, 'Nunca, jamais. Eu jamais o perdoarei!' Quando pela terceira vez isso se repetiu, dei um pulo e disse para mim mesma: 'Desisto, pois nunca, nunca perdoarei!'"

No dia seguinte, Rosalind estava lendo para as crianças do *Pilgrim's Progress*. O texto era uma passagem sobre um homem preso em uma jaula que gemia: "Entristeci o espírito e ele se foi; provoquei a ira de Deus e ele me deixou." Instantaneamente, ela foi tomada por uma terrível convicção e, por dois dias e duas noites, sentiu-se terrivelmente desesperada.

Por fim, tarde da noite, conversando com um colega missionário que era viúvo, Rosalind explodiu em soluços e lhe contou a história toda. "Mas, sra. Goforth", disse ele, "você está disposta a escrever a carta?"

Depois de um longo silêncio, ela respondeu "sim".

"Então escreva a carta de uma vez."

Rosalind deu um pulo, correu para dentro da casa e escreveu algumas linhas como humilde pedido de desculpas por suas atitudes, sem fazer qualquer referência às atitudes dele. E assim, a alegria e a paz voltaram a sua vida cristã.

"Desde aquela época", escreveu Rosalind em sua autobiografia, "nunca mais me atrevi a não perdoar".[2]

Você consegue descrever a raiva e a força da emoção expressas por Rosalind? Ela carregou aquela amargura por *anos*. Quando alguém faz algo tão ruim, algo que fere profundamente aqueles que amamos — e parece fugir da situação —, então algo se levanta dentro de nós. Deus nos fez para reagir com veemência contra a injustiça. E quando o agressor nem mesmo *se importa*, bem, isso coloca mais lenha na fogueira!

Como uma artista cristã, fiz um passeio turístico pela cidade com um agente que, no fim das contas, fugiu levando todo o dinheiro arrecadado no evento. Ele não pagou ninguém — nem a banda, nem a empresa de áudio e iluminação, ninguém. Procurei o agente e, ao encontrá-lo, fiquei aturdida com sua falta de remorso.

"O que você vai fazer?", zombou ele, "Processar-me? Vá em frente. Abro falência e começo tudo de novo usando outro nome".

Nunca, em toda a minha vida, havia deparado com alguém com um coração tão insensível. Acabei dizendo a ele que venderia até minha casa para pagar a banda e a todos os funcionários. Não queria que eles sentissem os efeitos do pecado daquele homem. As consequências emocionais daquela situação permaneceram comigo por algum tempo. Enfim, estabeleci a paz entregando tudo a Deus. Embora aquilo tenha me custado a casa, foi apenas dinheiro.

Pensei então que tinha deixado tudo aquilo passar. Até que um dia, poucos anos depois, durante um retiro artístico, vi aquele homem caminhando na minha direção. Eu não estava preparada para as ondas de emoção que rolaram em meu coração: raiva, amargura e rancor. À luz do sol de uma bela manhã no Colorado, fui abatida pelo caos que tomou conta do meu interior. Honestamente, entrei em choque. Não tinha ideia do que havia guardado por tanto tempo.

Ouvi a voz de Deus em meu espírito: *Você trouxe o débito a mim, mas não trouxe o devedor.* O agente ainda não havia me notado até aquele momento. Quando viu que era eu quem estava a alguns metros de distância, virou-se e correu na direção oposta. Cai de joelhos, com lágrimas rolando pela face, ao levar aquele homem atormentado até a cruz. Eu o perdoei naquele dia. Eu o perdoei de todo o coração. Ajoelhei e orei, enquanto sentia uma pedra começando a machucar meu joelho direito. Peguei a pedra e a coloquei no bolso. Até hoje guardo essa pedra em meu escritório, como um lembrete: "Que atire a primeira pedra, quem não tiver pecado nenhum." Depois daquele encontro, fiquei procurando aquele homem durante todo o tempo em que estive por lá e jamais o reencontrei. Mas o que Deus operou em meu espírito atormentado naquele dia me mudou para sempre.

Aquela situação, ainda que problemática, não se compara a de ser traída por alguém que amamos e em quem confiamos. As feridas de relacionamento e as traições da alma representam um desafio muito pior, pois frequentemente nos deixam emocionalmente abaladas.

> "Meu marido me deixou após 26 anos de casamento para correr atrás de uma garota que tinha a idade do filho dele. Como ele pode fazer aquilo?"
>
> "Após 12 anos e dois filhos, meu marido me contou que era homossexual. Ele é o membro mais antigo da nossa igreja. Como poderei encarar alguém novamente depois disso?"
>
> "Meu pai abusou sexualmente de mim, dos meus 10 até os 15 anos. Como posso perdoar isso?"

Se nós não perdoarmos, então não poderemos viver livres.

Tenho colocado a falta de perdão ao lado da liberdade, pois ambos permanecem inseparavelmente unidos em nossas vidas espirituais. Se nós não perdoarmos, então não poderemos viver livres. Poderemos *parecer* livres para os outros, mas internamente continuamos encarcerados por qualquer coisa que nos recusamos a entregar a Cristo.

Essa questão tem surgido repetidamente durante a criação de meu filho. As crianças magoam outras crianças sem sentirem um pingo de remorso. Meu filho passou por essa terrível realidade muitas vezes. Ele sempre fala: "Mas é injusto!"

E eu sempre respondo: "Eu sei, querido, é injusto. A justiça saiu, mas Jesus continua aqui."

Talvez, essas palavras não lhe agradem mais do que ao meu filho Christian, de dez anos. Francamente, também não me impressionaram quando tinha dez, vinte ou trinta anos. Quando cheguei aos cinquenta, porém, comecei a perceber a grande dádiva contida naquilo que parecia uma frase batida: *o perdão é uma graça que Deus nos deu para viver em um mundo injusto*.

Há coisas que não podemos mudar. As pessoas trapaceiam, mentem, abusam e simplesmente vão embora. Cristo, porém, nunca vai embora. Ele conhece as cargas que você carrega e lhe oferece uma bela troca:

> Venham a mim todos os que estão cansados e sobrecarregados, e eu lhes darei descanso. Tomem sobre vocês o meu jugo e aprendam de mim, pois sou manso e humilde de coração, e vocês encontrarão descanso para as suas almas. Pois o meu jugo é suave e o meu fardo é leve (Mateus 11:28-30).

"*Aprendam* de mim [...] e vocês encontrarão descanso para suas almas", diz Jesus. É uma jornada, um processo, uma reforma lenta do coração. A cruz nos deu um lugar para onde levar as piores coisas que nos acontece e lá deixá-las para serem cuidadas por Deus. Mas nós somente podemos fazer isso quando acreditamos nele e se acreditamos em seu controle soberano, não apenas com nossos lábios, mas também com nossas vidas.

A cruz e o perdão

Como sou capaz de sentir a tensão em meu coração, permita-me dizer que sei que corro risco de perder você, especialmente se suas feridas estiverem frescas e em carne viva. Por favor, fique comigo. Você pode ter passado por uma situação ultrajante e imperdoável. Talvez tenha suportado abusos e traição em um nível inimaginável, que me deixaria surpresa e furiosa. Não estou minimizando nada disso, e considero tudo verdade.

Seguro tudo isso com uma das mãos e seguro a cruz de Cristo com a outra.

Como Deus nos disse para perdoar, então isso deve ser possível. Não disse que seria fácil! Mas ele não nos orientaria a fazer algo que não pudesse ser feito.

A Palavra de Deus não passa por cima da dor. Longe disso! Nas páginas da Bíblia, encontramos uma lista dos pecados mais obscenos cometidos na face da Terra e, mesmo assim, a cruz de Cristo permanece acima de todos eles. Sem a cruz, não haveria perdão nem mandato de perdão.

> Portanto, eu lhes digo: tudo o que vocês pedirem em oração, creiam que já o receberam, e assim lhes sucederá. E quando estiverem orando, se tiverem alguma coisa con-

> tra alguém, perdoem-no, para que também o Pai celestial lhes perdoe os seus pecados (Marcos 11:24-25).
>
> Livrem-se de toda amargura, indignação e ira, gritaria e calúnia, bem como de toda maldade. Sejam bondosos e compassivos uns para com os outros, perdoando-se mutuamente, assim como Deus os perdoou em Cristo (Efésios 4:31-32).
>
> Então Pedro aproximou-se de Jesus e perguntou: "Senhor, quantas vezes deverei perdoar a meu irmão quando ele pecar contra mim? Até sete vezes?" Jesus respondeu: "Eu lhe digo: não até sete, mas até setenta vezes sete" (Mateus 18:21-22).

O número sete costuma ser altamente significativo nas Escrituras. Em hebreu, o número sete é *shevah*, que está associado ao radical *savah*, cujo significado é "ser inteiro, estar satisfeito". Portanto, o número sete costumar se referir a um trabalho completo (ainda que nem sempre). Nessa passagem, Cristo diz a Pedro algo mais ou menos assim: "Aqui na terra, a necessidade de perdoar nunca termina. É preciso perdoar mais uma vez, de novo e novamente."

O que não é perdão

Talvez devamos fazer uma pausa para refletir sobre aquilo que *não* é perdão.

- Perdão *não* é aceitar como certo aquilo que a pessoa fez. As pessoas fazem muitas coisas que estão muito longe de serem certas.

- Perdoar *não* significa que você tem de continuar a manter um relacionamento danoso com alguém que a feriu e que continuará a feri-la.
- Perdoar *não* é enterrar a cabeça na areia e fingir que a ofensa nunca aconteceu.
- Perdoar *não* é negar a dor.
- Perdoar *não* significa que nós não consideramos o erro uma falta grave.

Embora Deus nos chame a perdoar aqueles que erraram conosco, há pecados que ainda requerem punição civil. Alguém que abusa de crianças, por exemplo, deve ser denunciado às autoridades.

Uma jovem perguntou-me se ela tinha errado ao denunciar um estuprador. "Você diz que devemos perdoar", ela falou, "mas eu o entreguei". Eu disse que a atitude dela tinha sido absolutamente correta e corajosa. É possível que aquele homem tenha estuprado outra jovem. Paulo nos diz, "[...] Mas se você praticar o mal, tenha medo, pois ela não porta a espada sem motivo. É serva de Deus, agente da justiça para punir quem pratica o mal" (Romanos 13:4). Ao dizer isso, Paulo se referia às autoridades civis que, naqueles tempos, eram os romanos.

Perdoar não implica eliminar a responsabilidade de alguém, e sim libertar o próprio coração.

Perdoar não implica eliminar a responsabilidade de alguém, e sim libertar o próprio coração. Você entendeu? Não se trata do pecado cometido pelo outro, mas da sua liberdade. Satanás adoraria manter cada um de nós em uma prisão de rancor, ligados para sempre àqueles que pecaram contra nós. O inimigo tem muitos dardos afiados apontados contra todos os que amam Deus, mas preste atenção: no arsenal de Satanás, não há nada que combata o perdão!

Deixe-me dizer mais uma vez: *no arsenal de Satanás, não há nada que combata o perdão!*

Quando escolhemos arrastar o peso do rancor até a cruz e, pela graça e misericórdia de Deus, deixá-lo lá, então o inimigo está perdido. Imagine-se arrombando o porão da sua alma, deixando a luz iluminar cada canto escuro e expondo cada sentimento inflado, cada sentimento de vingança e cada motivo justificável para permanecer na amargura. Agora, veja-se jogando tudo isso em um saco de lixo, amarrando-o apertado e subindo de volta para sair do porão e encontrar a luz do dia. Arraste o lixo até o pé da cruz e deixe-o lá. Você agora está livre!

Jesus pagou por nossa liberdade — completamente, totalmente e para sempre. Pode ser útil escrever sobre a pior coisa que foi feita contra você, e então queimar o papel. Assim como a fumaça e as cinzas que sobem, você permanece firme, entregando a Deus o seu direito de acertar as contas.

"Assim como..."

Então, o que é perdoar? Como sabemos quando temos o perdão completo de Deus e quando nós mesmas temos de perdoar verdadeiramente outras pessoas?

Encontramos essa orientação em Mateus 6, no meio do discurso que costuma ser conhecido como "o sermão da montanha". Jesus o transmite para nós ao nos ensinar a orar. Agora, quando o próprio Jesus diz "Orem assim", preste atenção! Jesus disse esta oração para ensinar seus discípulos a orar. Ele a escolheu como modelo de oração apropriada para aqueles que mantêm uma relação vital e contínua com Deus, o Pai.

> [...] Pai nosso, que estás nos céus! Santificado seja o teu nome. Venha o teu Reino; seja feita a tua vontade, assim na terra como no céu, Dá-nos hoje o nosso pão de cada dia. Perdoa as nossas dívidas, assim como perdoamos aos nossos devedores. E não nos deixes cair em tentação, mas livra-nos do mal porque teu é o Reino, o poder e a glória para sempre (Mateus 6:9-13).

Nós geralmente paramos por aqui, mas Jesus prosseguiu com sua palestra improvisada. Ele então acrescentou: "Pois se perdoarem as ofensas uns dos outros, o Pai celestial também lhes perdoará. Mas se não perdoarem uns aos outros, o Pai celestial não lhes perdoará as ofensas" (vv. 14-15).

Acho interessante que os versículos 14 e 15 basicamente reiterem e iniciem o versículo 12 da oração do Pai Nosso: "Perdoa as nossas dívidas, assim como perdoamos aos nossos devedores." Isso não é apenas uma sugestão simples, mas descreve aquilo que é profundamente importante para Deus.

Jesus conecta de maneira inseparável o perdão de Deus dos nossos pecados ao nosso perdão dos pecados dos outros. Exatamente do mesmo modo, Paulo nos orienta a perdoarmos uns aos outros, "assim como Deus os perdoou em Cristo" (Efésios 4:32).

Assim como...

E como Deus nos perdoou através de Cristo? Do quê e quanto ele nos perdoou?

O Novo Testamento emprega cinco palavras distintas para se referir a "pecado".

- *Hamartia* significa "perder o foco". Todas nós fazemos isso. Perderemos 2,3 kg antes do verão!
- *Parabasise* significa "atravessar a linha". Nós vemos a linha, nos sentimos tentadas a cruzá-la e damos o passo para isso.
- *Paraptoma* significa "deslizar através da linha" — não tão deliberadamente quanto em *parabasis*, contudo tendendo mais ao que poderia escapar da sua boca se um ferro caísse bem em cima do seu pé!
- *Anomia* significa "sem lei", uma total desconsideração pelo que é certo.
- *Opheilema* significa "falha em pagar o devido". Essa palavra é usada por Cristo em Mateus 6.

Jesus entregou sua vida na cruz, não porque você e eu possamos ter perdido o foco em algum momento, cruzado a linha para ver se seriamos pegas, deixado alguma coisa escapar nem escolhido viver à margem da lei. Não, Jesus nos deu sua vida porque nós tínhamos uma dívida imensa com Deus e éramos incapazes de pagá-la. Suponha que você seja uma mulher pobre com apenas dois reais no bolso e um fiscal do imposto de renda a procurasse e dissesse: "Você deve dois milhões ao governo e tem de pagar sua dívida até o anoitecer, caso contrário irá para a cadeia."

Você não poderia pagar a dívida.

Ninguém poderia.

Nós devemos a Deus uma dívida que simplesmente não pode ser paga. O débito é imenso demais e nossos recursos, escassos demais. Uma coisa é dizer para alguém: "Lamento muito por ter batido na traseira do seu carro", e outra bem diferente é não ter absolutamente meios de pagar um débito gigantesco. Apenas Cristo poderia fazer isso por nós — e ele fez. Não tínhamos acesso ao paraíso, à parte de Jesus, e graças ao supremo sacrifício dele, passamos a ter o direito de ir e morar lá eternamente, através da fé nele e em seu sangue derramado. Sobre nossas vidas despedaçadas, Deus então carimbou: PAGO.

E, a partir *daquele* momento, Deus nos chama a perdoar com todo o coração.

Então, o que parece ser o perdão que concedemos aos outros? Novamente, é um processo.

Comece de onde você está

A quem você precisa perdoar? Comece de onde você está e seja honesta com Deus sobre suas emoções. Nada do que disser ao Pai será surpresa. Você poderia começar fazendo uma oração como esta: *Pai, creio que o Senhor me pediu para perdoar, mas não quero. Ajude-me a fazer o que é certo, não importa o que sinta.*

> Não espere para sentir que deve fazer isso, pois talvez esse dia nunca chegue.
>
> Entregue a pessoa à misericórdia de Deus, em vez de pedir a ele para livrá-la de sua vingança.
>
> Não converse sobre isso com outras pessoas. Quando você expõe algo para alguém, isso deixa de ser uma oração.
>
> Comece orando para que Deus abençoe a vida dessa pessoa.
>
> Se a amargura voltar, entregue-a novamente... e mais uma vez... e de novo. Setenta vezes sete vezes.

Eu garanto a você que isso não é um sacrifício para mim, pois preciso tanto quanto qualquer um da correção do Espírito Santo. Quando comecei a escrever as palavras que você lê agora, não sabia que Deus tinha de realizar algumas cirurgias em meu coração.

Após escrever as primeiras palavras para este capítulo, fiz um pequeno intervalo para ir à pedicure. Peguei minha Bíblia e um notebook, pensando que poderia escrever algumas coisas que talvez fossem úteis a você, enquanto estivesse com os pés de molho.

Bem, aparentemente fui eu quem precisou de ajuda naquele dia!

Ao reler a oração do Pai Nosso, ouvi o Espírito de Deus falar ao meu coração, dizendo-me que eu ainda não havia perdoado a duas pessoas. Seus nomes então vieram a minha lembrança imediatamente. E eu contestei:

> *Senhor, isso foi há anos!*
>
> *Não vejo estas pessoas há mais de vinte anos! Nem mesmo sei onde elas vivem atualmente.*
>
> *Não saberia como entrar em contato com elas.*
>
> *Uma tentou destruir a minha vida.*
>
> *Senhor, a outra não apenas me feriu, mas também mentiu a meu respeito para pessoas importantes para mim!*
>
> *O Senhor não lembra que eu já as confrontei sobre o que aconteceu e elas não estavam arrependidas?*

Meus pés foram imersos em uma bacia de água, mas eu esqueci como era lavar os pés. Então, minhas mãos procuraram o Facebook, em meu iPhone. Digitei um nome e então apareceram dois rostos — acompanhados de um espaço para enviar uma mensagem particular.

Deus havia deixado bem claro qual era Sua ordem: *peça perdão e não mencione nada que ele tenha feito a você.*

Momentos depois, lembrei-me de alguém que enviara o contato da outra pessoa, apenas para o caso de eu querer conversar com ela.

Enviei uma mensagem por escrito. Apenas pedi perdão.

Isso foi há 21 anos. Eu quase nunca pensava naquela ofensa, mas, de vez em quando, se um desses nomes era mencionado em uma conversa, sentia meu peito apertar. Eu não via isso como rancor. Eu o considerava uma "ferida justificada" que eu abri corajosamente por amor a Cristo. Mas aquela minha ferida, por mais que fosse íntegra como eu pensava que era, ainda estava infeccionada.

Coloquei meu telefone sobre o descanso de braço, para que não acabasse afogado na bacia. Entretanto, após alguns instantes, ouvi aquele *sibilo* familiar indicando a chegada de uma nova mensagem. Era uma mensagem de texto. Peguei meu telefone e vi que a mensagem era de uma pessoa com quem não conversava há anos. Ela escreveu: "Eu perdoo você de boa vontade, mas você se importa de me lembrar o que aconteceu?"

Fiquei sem saber o que fazer em seguida. Mal conseguia escrever direito. "Oh, não foi nada!" Escrevi uma mensagem breve e perguntei se ela se lembrava de uma situação em particular.

A pessoa respondeu imediatamente. "Agora eu lembro. Eu era um completo idiota naquela época. Deus trabalhou em meu coração, ao longo dos anos. Por favor, perdoe-me!"

Perdoar nos libertou a ambos.

Em seu livro *Perdão total*, o dr. R.T. Kendall disse:

> Em um domingo, sem esperar, encontrei em um dos nossos serviços uma pessoa que havia ferido gravemente um de nossos filhos. Eu a notara antes de ser escalado para a pregação e me senti como Corrie Ten Boom[3] deve ter se

> sentido ao reconhecer seu carcereiro na audiência. Por um instante, o Senhor pareceu me dizer: *Você não diz que quer ver uma renovação acontecer nesta igreja? Mas como, se o início do que poderia ser uma renovação depende de perdoar ou não esta pessoa?*[4]

Nos últimos meses, senti uma mudança acontecer em meu coração, um chamado profundo para a batalha, para me levantar e viver como filha do Rei, em vez de uma vítima deste mundo. Considero isso um toque de despertar para a vida na qual eu digo que acredito. Meu Pai está no controle, não importa como as coisas possam parecer. E quando procuro à minha volta por coisas que façam sentido, volto rapidamente às palavras do inimigo sobre o que acredito ser certo, honesto ou justo.

Perdoar é uma poderosa questão espiritual. O perdão desafia a lógica humana porque não diz respeito às coisas da terra. E quando, pela graça de Deus, escolhemos perdoar deliberada e intencionalmente, derrotamos o inimigo mais uma vez.

Qual é a sua escolha?

Se tivéssemos de cavar as várias camadas que revestem nossos corações cuidadosamente enfaixados, nos surpreenderíamos em ver bem no fundo, na parte mais próxima à ferida, o próprio Deus sentado no banco das testemunhas. Nossos dedos acusadores apontam para ele, pois afinal de contas, ele poderia ter evitado toda aquela tristeza.

Ele tinha o poder de deter o estupro... mas não deteve.

Ele apenas assistiu quando você, ainda criança, implorou a ajuda dele... e ele não fez nada.

Ele deixou o atirador entrar na escola e matar todas aquelas crianças inocentes. Por que ele simplesmente não fez o agressor sofrer um ataque cardíaco?

Jesus sabe como questões dolorosas como essas podem, no mínimo, atrapalhar as coisas. Afinal de contas, ele tem escutado frases semelhantes há muito tempo.

- "Foi por falta de túmulos no Egito que você nos trouxe para morrermos no deserto?" (Êxodo 14:11)
- "Desperta, Senhor! Por que dormes? Levanta-te! Não nos rejeites para sempre." (Salmos 44:23)
- "Senhor, não te importas que minha irmã tenha me deixado sozinha com o serviço?" (Lucas 10:40)
- "Mestre, não te importas que morramos?" (Marcos 4:38)

Nosso inimigo aproveita todas as oportunidades para destilar seu veneno e suas mentiras em nossos ouvidos inflamados:

O que fazer, se você fez tudo errado, Moisés?

O que fazer, se vocês confiaram no Deus errado, israelitas?

E se Jesus não for tão sábio e amoroso como você pensou, Marta?

E se para o seu "Messias" não for menos importante que viva ou morra, Pedro?

Jesus nos chama para segui-lo, mesmo sem compreendê-lo. Você lembra quais foram as palavras dele ao primo João, quando ele foi preso como "Batista" em uma das terríveis celas de Herodes? Jesus declarou, "feliz é aquele que não se escandaliza por minha causa" (Lucas 7:23).

Você amará um Deus que nem sempre entende?

Você aceitará ser ofendida por aquilo que Jesus não faz?

Você perdoará — livre e inteiramente — para que possa ser livre?

Este é um momento de impacto em sua vida. Você desistirá de tudo? Você escolherá arrastar seu coração até a cruz e perdoar? Não importa se "sinta" ou não vontade de fazer isso?

Em seu excelente livro, *Forgive to Live* [Perdoar para viver], Dick Tibbits escreveu:

> A liberdade de escolha — o poder da escolha — o confronta sempre que você erra. Você escolherá acusar? Ou você preferirá perdoar? Você dará as rédeas da sua vida a alguém que nem mesmo gosta, ou decidirá dirigir o próprio futuro?

A última pergunta que ele fez é séria. "Você decidirá dirigir o próprio futuro?"

O que ele quis dizer com isso? Acredito que ele quis dizer que nós temos de escolher. Essencialmente, nós podemos deixar que alguém que agiu mal conosco continue determinando nosso rumo, pois não iremos perdoá-lo e, por isso, permaneceremos ligados para sempre a essa pessoa. Ou podemos escolher submeter nossos "direitos" a Jesus e seguir o caminho que ele estabeleceu antes de nós.

O dr. Tibbits refere-se à decisão de perdoar como sendo "a chave para dar o primeiro passo rumo à liberdade".[5] E ele insiste que "você pode escolher permanecer ligada àqueles que o magoaram — seus pais, marido, chefe ou alguma figura de autoridade — ou pode perdoá-los e assim se libertar da dominação deles. O perdão o liberta para tomar a decisão definitiva da sua vida: escolher entre ser uma vítima ou um vencedor?"[6]

Mesmo enquanto digitava aquelas últimas palavras, algo dentro de mim me erguia contra o modo como elas pareciam tão convenientes, fáceis de estampar em uma camiseta ou em um adesivo. A realidade raramente é tão nítida. Contudo, eu retomo uma afirmação que fiz no início deste capítulo, de que essa questão, sobre perdoar ou se recusar a perdoar, pode mudar nossas vidas. Eu acredito nisso. Muitos dos dardos do nosso inimigo nos ferem e nos fazem sangrar, mas essa única flecha envenenada pode nos derrubar. Não quero dizer que perderíamos a nossa salvação, que é baseada no trabalho concluído de Cristo na cruz, mas nós perderíamos qualquer credibilidade para o Reino de Deus aqui na terra. Poucas decisões que tomamos na vida terão o peso dessa, mas a boa nova é que conseguimos escolher.

ATRAVESSANDO SUA TEMPESTADE

Eu a incentivo a não ter pressa nesta seção. Não se apresse em atravessar esta tempestade. Deixe-a assentar e crescer em você por algum tempo, até que tenha lançado tudo aquilo com o que é preciso lidar à margem da sua alma. Somente então você poderá firmar a determinação de trocar a mentira de que nada nunca irá mudar, pela verdade de que, em Cristo, tudo, tudo se renova.

1. Comece pedindo ao Espírito Santo para trazer a sua lembrança aqueles contra quem você ainda abriga rancor.
2. Escreva cada nome em um papel... O seu nome pode ser incluído na lista, assim como o da sua mãe ou o do seu pai, seu marido ou filho e, talvez, até Deus.

3. Ponha em prática a disciplina diária e obediente do perdão. Não espere para sentir vontade de fazer isso, apenas comece.
4. Encontre uma pedra pequena e guarde-a perto de si.

> Senhor Jesus Cristo,
> Tu clamastes, de um lugar de sombras e desespero tão profundos, que jamais conhecerei: "Pai, perdoa-lhes, pois não sabem o que estão fazendo." Eu escolho alinhar meu coração ao teu. Eu escolho viver como tua filha. Eu escolho a liberdade em teu nome.
> Amém.

CAPÍTULO 4

COBERTOS POR JESUS

DA VERGONHA AO AMOR

Ah, mas deixe-a cobrir o Marcos, que assim ela fará,
e a angústia disso estará sempre em seu coração.
— NATHANIEL HAWTHORNE, *A LETRA ESCARLATE*

Então gritei: Ai de mim! Estou perdido! Pois sou um homem de lábios impuros e vivo no meio de um povo de lábios impuros; os meus olhos viram o Rei, o Senhor dos Exércitos! Logo um dos serafins voou até mim trazendo uma brasa viva, que havia tirado do altar com uma tenaz. Com ela tocou a minha boca e disse: "Veja, isto tocou os seus lábios; por isso, a sua culpa será removida, e o seu pecado será perdoado."

— ISAÍAS 6:5-7

Nasci em uma terra de castelos — a Escócia tem mais de três mil deles e os mais antigos datam dos séculos XI e XII. Ao entrar em uma dessas construções magníficas, você quase pode sentir a história, ouvir vozes e a música celta atravessando as pedras antigas. Os castelos da Disney não são como os castelos escoceses! Os escoceses construíram seus castelos para a guerra e com o objetivo de defender seu povo, não para contos de fadas nem para encantar meninas vestidas de Cinderela.

Embora alguns castelos tenham sido erguidos sobre locais onde antes havia igrejas, em geral, os escoceses medievais os construíam tendo em mente o uso militar. Por causa disso, esses castelos estão em locais que mais nos tiram o fôlego.

Estejam os castelos empoleirados na beira de um penhasco com o oceano batendo nas rochas lá em baixo, em uma ilha no ponto de encontro entre três lagos profundos ou nas encostas de montanhas íngremes e cobertas de neve, sua localização fora estratégica e cuidadosamente escolhida por sábios arquitetos. O fato de tantos castelos terem resistido até hoje testemunha a habilidade dos escoceses que os construíram.

Entretanto, atualmente, nem todos os castelos estão em condições gloriosas. Longe disso. Algumas ruínas são pouco mais do que esqueletos dos antigos tempos de esplendor. E foi em uma dessas ruínas que eu, ainda garota, me instalei como rainha e reclamei meu trono pessoal.

O castelo de Loch Doon fica a poucos quilômetros do lugar onde mora boa parte da minha família. No verão, nós costumávamos visitar o local, fazendo piqueniques com amigos. Então, nós forrávamos nossas toalhas e abríamos nossas cestas de piquenique fora das paredes em ruínas dos fortes antigos, apreciando o cenário glorioso e os reflexos do sol na água. Depois que todos já estavam acomodados, eu desaparecia (naquela época, era mais seguro do que hoje).

O castelo tinha um segredo que aparentemente ninguém mais havia descoberto. Sendo uma criança bastante ágil, eu conseguia entrar na grande clareira de pedra de uma das torres remanescentes. E, então, com as costas apoiadas em uma parede e os pés em outra, eu conseguia subir lentamente até o topo da chaminé e rastejar sobre a parte mais alta das paredes do castelo. Eu ficava lá, no topo do meu domínio, ouvindo as vozes dos meus familiares à distância. Nos dias claros, eu podia enxergar a quilômetros de distância, pela água.

Lá em cima, eu me transformava em uma pessoa diferente. Não existia mais aquela garota cujo pai morrera de forma tão vergonhosa que ninguém gostava de tocar no assunto, nem aquela menina que usava roupas de segunda mão e tinha um único par de sapatos decentes. Lá em cima, eu me tornava uma princesa guerreira escocesa que de boa vontade dava a própria vida por seu povo. Lá em cima, tudo se tornava possível. Eu poderia matar dragões e, quando alguma coisa assustadora ameaçava atormentar o castelo, eu a derrubaria com um golpe poderoso.

Então, eu ouvia a voz da minha irmã, que gritava debaixo da chaminé: "Sheila, é hora de ir para casa. Se a mamãe ver você aí, você estará encrencada!" Então eu descia e voltava a contragosto para um mundo bem menos agradável, comandado pela vergonha e pela miséria.

A menina perdida

Muitas meninas sonham ser princesas — quando não é uma guerreira, é uma menina com tranças douradas que bondosamente dita as regras de seu reino. Em seus corações, algumas jovens donzelas esperam por um príncipe perfeito, que venha buscá-las para partirem juntos, ou ficam imaginando os belos vestidos e as joias que irão usar.

Mas os sonhos podem ser interrompidos. Como os de Annie.

Menina perdida.

Pensou que ninguém a amava. Pensou que ninguém a queria. Fugiu do castelo.

Ela caiu nos braços do Diabo...

Virou prostituta.

Tornou-se a rainha das mentiras, Jezebel.

Esta é minha vida.[1]

É assim que Annie Lobert descreve sua vida em *I Am Second* [Eu sou segundo]. Assim como muitas de nós, Annie apenas queria que alguém a amasse. Criada por um pai severo, ela via o quanto valia para ele e aquilo a feria muito mais.

Annie entregou-se a um rapaz, na época do colegial, que disse que a amaria para sempre. Mas ele fizera a mesma promessa a muitas garotas que, no começo, também acreditaram que eram princesas. Ele partiu o coração de Annie.

Após terminar o segundo grau, Annie saiu de casa, sabendo que jamais olharia para trás. Ela teve de trabalhar em três empregos para tentar pagar a faculdade. Foi então que as portas de outro mundo começaram a se abrir. Nos clubes, ela viu o que o dinheiro poderia fazer. Sua melhor amiga aceitou o convite de um homem para acompanhá-lo em uma noite no Havaí. Mais tarde, a amiga ligou para Annie e lhe disse: "Estou na praia, com um belo carro e dinheiro. Venha ficar comigo." Annie arranjou uns dias de folga nos empregos em que trabalhava e seguiu de avião para o Havaí. Aquele dia foi a primeira vez que ela e sua amiga venderam o corpo para alguns turistas japoneses.

Annie tornou-se prostituta.

Quinhentos por hora.

Mil por hora.

Dez mil por noite.

Em uma noite, um "príncipe encantado" entrou no clube onde ela estava dançando e disse-lhe tudo que ela queria ouvir, tudo que seu pai nunca dissera. Ele disse que ela era inteligente, bonita e charmosa. Disse também que estava apaixonado por ela. E ela acreditou nele.

E assim começou seu pesadelo.

O príncipe tornou-se seu cafetão. Ele batia nela, quebrava suas costelas, tomava-lhe o dinheiro e a mandava sair para ganhar mais. Tudo que ela ganhava ficava para ele. Annie finalmente saiu dessa situação, mas como ela mesma diz: "Quando você deixa um cafetão, você sai sem nada."

Seu espelho tinha agora uma rachadura feia e irreparável. Nos anos que se seguiram, Annie não só tinha um coração partido como também um corpo traído.

Câncer.

Quimioterapia.

Analgésicos.

Cocaína.

Trevas.

Então, numa noite, após consumir uma dose maciça de cocaína e em seu pior momento, Annie implorou ajuda.

"Jesus, por favor, salve-me!"[2]

Talvez você esteja pensando que não tem nada em comum com Annie. A história dela parece tão extremada, tão dura, tão sórdida.

Mas se você tirar a maquiagem, poderá ficar chocada ao descobrir que você, na verdade, não é diferente.

Quando alguém viola sexualmente uma jovem, seus sonhos desaparecem.

Quando o príncipe encantado a usa e depois parte para uma nova conquista, o vestido volta a se transformar em farrapos.

Quando palavras amorosas se transformam em violência, seu espelho racha de uma ponta a outra e a beleza adquire um aspecto selvagem.

O peso da vergonha substitui os vestidos, as espadas e as joias, e tudo que parece brilhante e belo se torna embotado, manchado, quebrado.

Quando você lê a palavra *vergonha*, o que vem a sua mente? Várias palavras e frases vêm a minha mente:

Erro
Miséria
Prisão
Desprezo
Não ser boa o suficiente
Fracasso
Rejeição
Imundície
Humilhação
Falta de humanidade
Engano

A vergonha é uma das ferramentas mais poderosas do inimigo, pois faz muito sentido para nós. Em algum nível, a maioria de nós consegue admitir vaga, ainda que persistentemente, não estar à altura.

A vergonha, então, aparentemente não seria algo forçado. Vergonha e culpa muitas vezes chegam juntas, mas enquanto podemos lidar com a culpa e manipular suas mentiras, a vergonha se recusa a nos deixar. É como Edward T. Welch a descreve: "A vergonha domina a vida e é obstinada. Uma vez entranhada em seu coração e na sua mente, vira um intruso que se recusa a sair."[3]

A culpa pode ou não ser um fato, mas a verdade parece ser uma essência. É bem maior do aquilo que você fez... é quem você é.

A vergonha é bem mais sutil e cortante do que a culpa.

Imagine que alguém a acusou de um crime que você não cometeu, levando-a para a prisão, recolhimento de impressões digitais; ser despida, encarcerada e humilhada. Por fim, chega o dia em que você é levada ao tribunal e ouve as palavras que tem ansiado ouvir há tanto tempo: "Inocente!" O juiz retira a sua culpa. Os oficiais penitenciários devolvem suas roupas e pertences e você segue andando para ver a luz do dia, como uma mulher livre... mas a vergonha persiste.

A culpa pode ou não ser um *fato*, mas a verdade parece ser uma *essência*. É bem maior do que aquilo que você fez... é quem você é.

Vergonha × constrangimento

Vergonha e culpa me vestem
como um traje impregnado de um perfume barato.
Impossível de separar
e percebido em cada lugar.

— Meu diário, 1993

Vergonha é bastante diferente de constrangimento. Meu marido tem uma mancha impressionante na ponta do nariz. Ao longo dos últimos três anos, a mancha foi ocupando um espaço cada vez maior. Ao se olhar no espelho, nesta manhã, Barry comunicou a todos que estava pronto para fazer o teste daquela rena famosa do Papai Noel, o Rudolph.

A mancha certamente tem causado um pouco de constrangimento, mas ele sabe que isso é passageiro. As coisas constrangedoras passam com o tempo, enquanto a vergonha permanece. Podemos zombar de Barry, com sua aparência de Rudolph, e ele rirá disso. Entretanto, ninguém ri da vergonha que, sem dúvida, é terrível demais.

Lembra-se daquelas mulheres que você conheceu ao iniciarmos esta jornada juntas, as mulheres do ministério? Ao ler as cartas que elas escreveram e deixaram ao pé da cruz, encontrei a vergonha em vários deles:

- Vergonha de sentir que alguma coisa está errada comigo — estou arruinada
- Vergonha da minha infância, que não posso descrever aqui
- Vergonha de um aborto secreto
- Vergonha de um relacionamento secreto
- Vergonha por querer me matar
- Vergonha do alcoolismo
- Vergonha do incesto
- Vergonha do estupro que sofri aos 15 anos
- Vergonha por ter sido sexualmente abusada na infância
- Vergonha do que fiz para provocar um aborto na 17ª semana de gestação
- Vergonha de usar a pílula do dia seguinte
- Vergonha da infidelidade que sofri e que cometi

Uma carta dizia tristemente: "Eu sei que seria melhor para todos se eu não estivesse aqui."

À medida que ia lendo cada carta, sentia todo o peso. Você me entende? Eu sentia o peso que cada uma daquelas mulheres do ministério carregou em cada momento da vida: seus pequenos segredos que as arrastaram para baixo, como uma âncora no fundo do oceano.

A vergonha tem poder para isolar pessoas. A vergonha tem uma voz, um vocabulário e um odor peculiar. Ela sussurra uma ameaça sarcástica: "Alguém descobrirá quem você realmente é."

Quando era adolescente, eu tinha pavor do toque do telefone. O primeiro toque fazia meu coração disparar, até que alguém atendesse ao telefone. É lógico que isso não fazia sentido nenhum. Toda vez que o telefone tocava, meu estômago saltava pela boca, como se algo fosse me atacar. Só que eu nunca fiz nada para que algo quisesse me atacar.

Então, por que eu reagia daquela forma? Vergonha. A vergonha me tinha feito acreditar que, a qualquer momento, eu poderia ser exposta — mesmo que não houvesse nada a ser revelado. O meu fantasma era meu sentimento desesperado de inutilidade. A vergonha é como uma tempestade de areia, que o cega para a verdade. Parece ser tão incrível e inevitável, que você fecha os olhos, abaixa a cabeça e a deixa tomar conta de tudo.

A vergonha pode adotar duas abordagens. A vergonha como a minha vem de algo que fizemos *para* nós mesmas. Ainda que não tenhamos feito nada, pensamos que devemos merecê-la de algum modo e isso se torna o nosso pequeno segredo. A vergonha também vem de algo que fizemos e tememos que venha a ser descoberto. Então, um pequeno segredo terrível e poderoso nos mantém prisioneiras.

Recebi uma carta de uma mulher que deu permissão para compartilhar sua história. O nome dela é Rose.

> Quando era criança, sofri muitos abusos nas mãos de meu irmão e de meus pais. Minha mãe era incapaz de controlar sua ira. Meu pai era um homem distante, física e emocionalmente. E meu irmão era sexualmente descontrolado. Quando tinha 16 anos, desenvolvi problemas sérios com a bebida. Passei grande parte da adolescência visitando minha mãe em um hospital psiquiátrico. Quando cheguei aos 22 anos, minha mãe morreu de câncer e eu adotei um estilo de vida de homossexualidade, drogas, abuso de bebidas alcoólicas, tentativas de suicídio e religião New Age.
>
> É desse modo que eu acreditava poder me consertar. Tinha desistido de Deus. Eu estava aborrecida com ele. Por que tive de passar por tudo aquilo? Eu questionava tudo que lia e os ensinamentos que recebia sobre Deus. Eu era professora dominical e me sentia uma hipócrita... Particularmente, eu estava afundando com o peso da minha vida.

Rose expressa muito bem o que muitas de nós sentimos — que estamos afundando com o peso de nossas próprias vidas. Todo domingo, enquanto Rose estava diante de sua classe, com suas anotações bem preparadas, a voz da vergonha a ridicularizava internamente.

> *Se estas pessoas soubessem quem você realmente é, sairiam correndo daqui!*
> *E se alguém contar seu segredo?*
> *E se alguém viu você?*

Quando lemos a Palavra de Deus com os olhos da vergonha, podemos reconhecer a maravilhosa verdade da boa nova de Deus, porém acreditamos que ela pertença a todos, menos a nós. O inimigo trabalha duro para nos fazer acreditar que *somos as únicas*. Que mentira monstruosa! Volte alguns parágrafos e releia os lamentos daquelas mulheres do ministério. Lembre que elas não são novas-crentes, mas seguidoras experientes de Jesus que Deus ama usar — e, mesmo assim, o inimigo as atormenta continuamente com a vergonha. É por isso que gosto tanto de expô-lo em todos os seus recursos malignos, para que cada uma das filhas do Rei seja capaz de dizer a verdade em alto e bom som e saber que é amada e aceita exatamente do modo como é. Até o Senhor voltar ou me levar de volta para casa, é isso que continuarei a perseguir, lutando e expondo o inimigo com suas mentiras e declarando que o Salvador julga ser digno apagar a nossa vergonha diante do Pai.

Merecer *versus* ser digno

Talvez, parte do nosso problema esteja na confusão que fazemos com as palavras *merecer* e *ser digno*. Preste atenção no comercial do próximo intervalo da televisão: a ideia de "merecer" nos é empurrada em todas as direções.

Estou lançando um ataque à forma como empregamos essa palavra. Nossa cultura banalizou o termo para apelar à nossa natureza mais básica; mas não importa o quão atraente isso possa parecer, pois não tem poder para apagar a vergonha.

> "Você *merece* parecer que voltou a ter vinte anos!"
> "Este é o carro que você *merece*."
> "Todos *merecem* ser felizes!"

Ouço isso repetidamente e, a cada vez, algo dentro de mim estremece. Por uma razão: é nitidamente ridículo. Eu *não* mereço parecer que tenho vinte anos nem ter um sorriso permanente em meu rosto. Sei disso. Esses comerciais podem parecer atraentes, mas instintivamente nós sabemos que são mentiras — e, mesmo assim, desejamos que fossem verdade. Eles prometem uma vida de contos de fadas e parte de nós adoraria acreditar nessas fábulas.

A verdade é bem maior do que qualquer conto de fadas. Se você aprova a mentira de que merece ser feliz, significa que não faz nada para conter as mentiras do inimigo. De várias formas diferentes, ele estilhaçará o frágil palácio de vidro que você construiu em sua mente, arrastando tudo o que você construiu pelo seu mito. O que Cristo oferece tem a ver com o lixo do nosso passado, presente e futuro. A vergonha é real. Na cruz, porém, Jesus lida com a vergonha e lhe entrega uma ordem de despejo. Ao tomar nosso lugar na cruz, ele pagou a *conta inteira*. Quando vamos a ele na fé, ele nos torna dignas (e não merecedoras). Nós, por nós mesmas, jamais poderíamos merecer o amor dele, contudo Jesus morreu por nós enquanto ainda éramos pecadoras (veja Romanos 5:8). Só Jesus pode nos tornar dignas.

O inimigo espera que você se esqueça dessa verdade ou que jamais a conheça. Então, vamos começar pelo momento em que a vergonha entrou em nossas vidas. Comecemos pelas notícias ruins para que possamos ver as boas notícias em todo o seu explendor.

Não foi assim que começou

Antes de falar sobre como tudo deu errado, devemos entender que não começamos assim. O fato de que algo dentro de nós quer mais

— que nós sintamos a nossa vergonha e desejemos nos livrar dela — declara que as coisas não deveriam ter terminado como terminaram. O mundo não começou na vergonha.

Gênesis conta a história de nossas quedas (se você não conhece a história, leia o terceiro capítulo do Gênesis, o primeiro livro da Bíblia).

> Quando a mulher viu que a árvore parecia agradável ao paladar, era atraente aos olhos e, além disso, desejável para dela se obter discernimento, tomou do seu fruto, comeu-o e o deu a seu marido, que comeu também. Os olhos dos dois se abriram, e perceberam que estavam nus; então juntaram folhas de figueira para cobrir-se. Ouvindo o homem e sua mulher os passos do Senhor Deus que andava pelo jardim quando soprava a brisa do dia, esconderam-se da presença do Senhor Deus entre as árvores do jardim (Gênesis 3:6-8).

A vergonha fez sua estreia no paraíso. Assim que Adão e Eva se sentiram envergonhados e expostos, tentaram se cobrir. Mas as folhas de figueira não serviam para disfarçar. E é assim que a vergonha opera. Não importa o que você use para se cobrir, pois continua a se sentir exposta.

Você não sente isso em sua vida? Eu sinto.

Não gosto da minha aparência, então compro uma roupa nova. Mas mesmo que a roupa pareça maravilhosa na loja, alguma coisa se perde quando a trago para minha casa. *Deve ser a iluminação do provador*, digo a mim mesma. *Fui enganada de novo*.

Você finalmente perdeu aqueles nove quilos que há tempos a perseguiam. Viva! A razão para se sentir tão mal em relação a si mesma desapareceu! Mas... você ainda está se sentindo mal. Por que *está* assim?

Ela sabia que se conseguisse casar, o nome e a identidade novos deixariam a vergonha para trás, na porta da igreja... Mas, por algum motivo, a vergonha a seguiu até sua nova casa.

Não importa quantas camadas nós aplicamos para cobrir nossa vergonha, ela sempre persiste. Chame isso de doença da alma.

Adão e Eva souberam imediatamente que suas ações pecaminosas tinham lhes trazido consequências terríveis. Eles não só ficaram frente a frente com o horrendo pecado que cometeram como, logo em seguida, descobriram que a vergonha não poderia viver no jardim. O peso da vergonha deles já era suficientemente grande, mas então eles também tiveram de partir. Que triste! Em alguns momentos, eles passaram da condição de amantes e reveladores da presença sagrada de Deus à condição de exilados, refugiados, sem teto, banidos e expulsos do paraíso.

Que realidade dura! E nós continuamos vendo isso acontecer nos dias de hoje, nas próprias comunidades cristãs.

O filho de uma de minhas amigas foi expulso da escola por ter se embriagado durante uma excursão escolar. O episódio transmitiu a impressão de ser uma repetição de tudo que acontecera no jardim. Primeiro, ele tentou se esconder. Então, veio a exposição e, enfim, a punição. Isso partiu meu coração. Uma coisa é ter seu pecado exposto, mas ser apartado da sua comunidade aumenta ainda mais a vergonha.

Um pastor tem um relacionamento escuso, nega isso, mas as evidências confirmam o fato, e quando ele finalmente assume a situação, a igreja o retira de seu posto de liderança e o manda para "fora do jardim".

O legado de Adão e Eva se repete, séculos após séculos. Mas não desanime! Nós servimos a um Deus de esperança.

Nossos primeiros pais foram expostos e rejeitados. Foi assim que eles se sentiram — agachando-se nas moitas e temendo o som dos passos de Deus, que tão recentemente os enchia de alegria. Até certo ponto, é assim que a vergonha nos parece. A rejeição é parte central da vergonha. Adão e Eva devem ter sentido um choque enorme. Eles já haviam pertencido e, agora, eram vagabundos. É difícil para nós imaginar uma mudança tão horrível como esta: da condição de identificação com Deus à condição de punidos por Satanás. Não mais vestidos com a beleza transparente da inocência, eles passaram a usar peles de animais grosseiras — é possível que o sangue ainda estivesse pingando das vestimentas recém-feitas por Deus aos dois.

Sim, agora eles estavam cobertos, mas longe de estarem limpos.

E eles também perderam seus passes de acesso livre ao Éden. Deus, porém, tinha algo mais em mente.

Estamos com ele

Christian viajava comigo todo fim de semana, até completar oito anos de idade. Mary, nossa amiga, viajava conosco para cuidar dele, enquanto eu ministrava palestras ou cantava no palco.

Em uma sexta-feira à noite, Christian e Mary foram até a arena para jantar comigo, mas Mary esquecera de trazer seus passes de acesso aos bastidores. Enquanto ela tentava convencer um segurança a deixá-los entrar, Christian me viu caminhar em direção à sala verde e gritou: "Estou com ela!"

Adão e Eva não podiam mais fazer isso. Eles estavam impossibilitados de voltar aos portões do Éden e dizer: "Nós estamos com ele!"

Que desolação e solidão eles devem ter sentido! A vergonha *sempre* traz solidão. Foram estabelecidas algumas prescrições para o casal. Metida nas vestes peludas que Deus fizera para eles, estava escondida a esperança. Ela sussurrava, sempre suavemente...

"Vocês não podem cobrir a si mesmos, não importa o quanto tentem."
"Eu os cobrirei... a esperança está a caminho."

Como escreveu Edward Welch:

> Aquele que veste pele foi coberto, mas certamente não está atraente. Restaram apenas duas possibilidades. Nós poderíamos ficar eternamente cobertos com as peles de animais mortos ou esse seria o primeiro passo para ter um guarda-roupa melhor.[4]

E assim a Palavra de Deus disparou o início da guerra da vergonha no paraíso. Tenho certeza de que a serpente perdeu isso. Não acho que essa situação estivesse clara para Adão e Eva, enquanto eles vagavam, cegos pela tempestade de areia da vergonha, mas nós agora podemos ver. Do mesmo modo que Deus derramou sangue para cobrir os corpos deles, cada gota desse sangue apontava o dia em que o Cordeiro de Deus derramaria sangue para cobrir o nosso pecado.

Até a vinda do Cristo, o Cordeiro de Deus perfeito, os mestres do Antigo Testamento ficavam na presença de Deus defendendo as pessoas. Mais uma vez, Deus tomou a iniciativa de vesti-los — mas como as vestes deles melhoraram! Êxodo 28 fornece uma descrição detalhada das túnicas magníficas que Aaron tinha de usar na presença de Deus. Em cada ombro, ele usava uma pedra ônix em que estavam gravados os nomes das 12 tribos de Israel, seis nomes em cada pedra, todos em filigranas de ouro. Na realidade, Aaron levava pessoas consigo para encontrar Deus.

E assim, sob a aliança de Moisés, mudamos de cobertos e sujos para cobertos e consagrados, pois no momento em que Aaron surgiu diante da presença de Deus, as pessoas se tornaram sagradas (pelo menos temporariamente).

Algumas vezes, a verdade sobre como Deus lida definitivamente com nossa vergonha é velada no Antigo Testamento. Mas há momentos em que parece como se Deus acalmasse a tempestade por tempo suficiente para que possamos obter uma visão cristalina do que está por vir. Um desses momentos é quando Moisés recebe instruções bastante claras relacionadas aos óleos e incensos a serem queimados diante do Senhor. A passagem relatada em Êxodo 30 detalha até os compostos específicos desses óleos. Eles tinham de reservá-los especialmente para o Senhor.

> Diga aos israelitas: "Este será o meu óleo sagrado para as unções, geração após geração. Não o derramem sobre nenhum outro homem, e não façam nenhum outro óleo com a mesma composição. É óleo sagrado, e assim vocês devem considerá-lo. Quem fizer óleo como esse ou usá-lo em alguém que não seja sacerdote, será eliminado do meio do seu povo" (vv. 31-33).

Você conhece os componentes desse óleo sagrado?

> "Junte as seguintes essências: bálsamo, ônica, gálbano e *incenso puro*, todos em quantidades iguais" (v. 34, grifo nosso).

De geração a geração, os israelitas poderiam oferecer esse óleo especial a Deus e somente a ele — outro sinal de que a esperança estava a caminho.

Agora, vamos avançar através dos séculos até o nascimento de um bebê, na cidade de Belém. Magos do Oriente vieram visitar aquela criança, anunciada por uma estrela que indicava o nascimento de um Rei judeu. Eles ofereceram ao menino presentes de ouro, incenso e mirra. Você enxerga a beleza aqui? Cada presente falava à identidade de Cristo. O ouro era um presente para um rei. A mirra pressagiava a morte e o enterro do Rei. O incenso, porém, podia trazer no rótulo: "Exclusivamente para Deus!" Esse era o Messias, Deus entre nós.

Deus está aqui!
Deus está conosco!
Nunca mais precisaremos de sacerdotes para intercederem por nós!
Jesus está aqui para acabar com nossa vergonha, para sempre!
Respirem a doce e distintiva fragrância de sua presença — é sem igual!

Para Annie e Rose, bem como para todas as mulheres corajosas o suficiente para escreverem sobre sua vergonha — e para você e para mim —, Cristo veio em pessoa eliminar a vergonha, para que possamos ser livres.

A grande vergonha

Seja qual for o tipo de vergonha que você sente, não chega aos pés do que Cristo enfrentou na cruz. Nossa vergonha é uma chuva de verão. Cristo entrou direto no olho da tempestade e sentiu toda a força de sua rajada de vento.

Tudo começou com estas palavras de cortar o coração. "Meu Pai, se for possível, afasta de mim este cálice; contudo, não seja como eu quero, mas sim como tu queres" (Mateus 26:39).

Como podemos sequer começar a entender o que Jesus teve de enfrentar? Ao longo dos seus três anos de ministério terrestre, a presença do Pai o sustentava continuamente. Pense nas várias vezes em que Ele escapou da multidão para orar. Ele às vezes passava a noite inteira sozinho na montanha, com o Pai.

Então, tudo estava prestes a mudar. Ele precisava de uma força especial para atravessar a escuridão desesperadora, pois sabia que estava prestes a tomar o cálice da ira de Deus e bebê-lo até a última gota. Como toda a vergonha e culpa carregadas pelo mundo ao longo dos séculos recaíram sobre os ombros de Jesus, seu Pai se afastaria dele.

Durante aqueles momentos terríveis e incompreensíveis, Jesus viu-se a si mesmo totalmente *sozinho*.

Então, ele orou pedindo força. Lógico que orou! E eu agradeço a Lucas, um médico, por incluir em seu evangelho o versículo a seguir. Grave apenas isto: "E um anjo do céu apareceu a ele, que o fortalecia" (Lucas 22:43).

Jesus andou pelo Jardim de Getsemâni, lutando contra a escuridão do mundo. Horas mais tarde, sua face voltou-se para a cruz, pronta para cumprir a vontade de seu Pai. Ele, que não conhecia a vergonha, estava prestes a *se tornar* uma vergonha — a definição exata da vergonha — para nós, para que pudéssemos conhecer o verdadeiro amor redentor.

> Oh, Líder santo, agora ferido, sob o peso do túmulo e da vergonha,
> agora desdenhosamente cercado por uma coroa de espinhos;
> como estás pálido de angústia, doendo de abuso e desprezo!

Como esse semblante enfraquecido já foi um dia tão brilhante quanto a manhã!
Aquilo que tu, meu Senhor, sofreste foi tudo para ganho dos pecadores:
Minha, minha foi a transgressão, mas tua foi a dor mortal.
Veja, caio aqui, meu Salvador! Mereço isso em seu lugar; olhe para mim com a tua benevolência; garantindo-me a tua graça.
Que linguagem devo empregar para agradecer-te, querido amigo, por tua tristeza mortal, tua piedade sem fim?
Oh, faça-me teu para sempre! E, esteja eu esvaecendo, Senhor, nunca, nunca me deixe viver mais do que o meu amor a ti!

— Bernard de Clairvaux

A manhã surgiu

Annie estava no chão, desesperada e morrendo, com uma oração triste nos lábios: "Jesus, salve-me, por favor! Não sei se você é real, mas não me deixe morrer!"

Enquanto estava deitada, Annie sentiu uma paz tomar conta dela, como jamais havido sentido. Instantaneamente, ela soube que Deus era real. E, mesmo assim, Annie tinha medo de ir à igreja. Será que as pessoas que frequentavam a igreja aceitariam e amariam uma ex-prostituta?

Elas a aceitaram e a amaram. À medida que ela mergulhava na Palavra de Deus, começava a ouvir novas palavras a seu respeito:

Amada
Resgatada
Escolhida
Bonita
Isolada
Íntegra
Curada
Pura

Certo dia, enquanto passava o aspirador de pó, Deus lhe falou e orientou que voltasse ao Vegas Strip, para dizer a todas as garotas que ainda estavam na escravidão que elas também eram amadas. E assim é a vida de Annie hoje: resgatada, libertada, aquela que passou pela vergonha agora leva o amor de Cristo a outras pessoas.[5] Eu amo essa mulher. Sou profundamente agradecida por poder chamá-la de irmã. Os caminhos que Annie e eu percorremos podem ser aparentemente diferentes, mas, na realidade, somos duas mulheres que estavam cegas e dizimadas pela vergonha, mas fomos resgatadas por Jesus!

E você? Eu disse antes que se você tirasse a maquiagem, muitas de nós, "mulheres boas", não pareceríamos tão diferentes de Annie. É possível que tenhamos procurado amor e aceitação em lugares diferentes, mas quando deixamos nossa vergonha reinar na escuridão, todas nós somos acorrentadas, cegas pelas mentiras do inimigo. A vergonha é um sentimento profundamente persuasivo, porque faz sentido para nós. A vergonha está no DNA das nossas vidas falidas. É por isso que temos de lutar duro aqui, meninas, pois esta é uma tempestade forte! Temos de nos recusar intencionalmente a permitir que o inimigo tire da lixeira aquelas vestes sujas e as coloque sobre nossas vidas outra vez. Nós somos cobertas por Jesus Cristo!

Escolho agora me afastar do que conheço tão bem

Vivo atrás desta semente de vergonha e de todas as mentiras que ela conta

Aqui, permaneço resgatada e digna, graças a Jesus, o Cordeiro

Permaneço sendo a filha do Grande Rei

ATRAVESSANDO SUA TEMPESTADE

Em *Shame Interrupted* [Vergonha interrompida], Edward Welch descreve alguns passos que são úteis e que tentarei resumir. Ele nos dá sete passos essenciais:

1. Expresse a sua vergonha em palavras.
2. Volte-se para o seu Salvador.
3. Conheça-o.
4. Associe-se a ele.
5. Lave os pés frequentemente.
6. Insista — prepare-se para lutar.
7. Volte-se para os outros: ame-os.

1. *Expresse a sua vergonha em palavras.* Eu sei que é difícil! Mas o inimigo reina na terra das sombras, onde vivem os segredos. Tire esse poder dele! Escreva tudo. Se tiver uma amiga ou conselheira em quem confiar, converse com ela.
2. *Volte-se para o seu Salvador.* A palavra *voltar-se* tem um significado diferenciado para mim. Quando nos voltamos, podemos mudar tudo. Quando tinha cerca de vinte anos, fui de carro até o extremo sul da Inglaterra, Land's End. Ao ficar de costas para o continente, somente podia ver um declive e, então, o oceano.

Ao me virar, o cenário mudou e de repente toda a Inglaterra estava espalhada diante de mim. O lugar onde eu estava fazia toda diferença! E, aqui, acontece a mesma coisa. Podemos ficar de costas para Jesus, encarando nossa vergonha, ou podemos nos voltar para aquele que nos ama.

3. *Conheça-o.* Dedique tempo a Ele. Eu costumava pensar que o antídoto para a vergonha era a graça. Hoje, não penso assim. Para mim, o antídoto é o amor. Quanto mais conheço o amor de Jesus por mim, menos espaço há em minha vida para a vergonha.
4. *Associe-se a ele.* A cada dia, várias vezes meu coração gosta de clamar: "Estou com Ele!" Quando me sinto condenada ou rejeitada, quando alguém diz algo que magoa meu coração, me deixo sentir a dor. Mas, logo em seguida, lembro quem está comigo. Passo algum tempo buscando captar a fragrância da proximidade dele. Tenho um passe de acesso livre ao trono da graça e da misericórdia, porque sigo com Jesus.
5. *Lave os pés frequentemente.* Na época de Jesus, as pessoas precisavam lavar bem os próprios pés. Elas calçavam sandálias e pisavam na poeira e na sujeira da estrada. Espiritualmente, isso ainda é válido para nós nos dias de hoje. Como vivemos em um planeta caído, o simples deslocamento rotineiro nos faz carregar um pouco de sujeira. Siga sempre com Jesus e permaneça lavada e limpa. Não deixe a sujeira se acumular.
6. *Insista — prepare-se para lutar.* Primeiro você terá de lutar contra si mesma. É muito fácil voltar a um comportamento vergonhoso! Então, lute por quem você é em Cristo. Outros que continuam em luta com a vergonha tentarão chamá-la de volta, mas não os siga! Não permita que eles atirem lama em

você, pois você é filha do Rei, e isso significa que você é livre. Sim, nós temos um inimigo real — mas seus dias vergonhosos estão contados. Ele é um mentiroso e o pai de cada uma das mentiras proferidas nesta terra. Use a Palavra de Deus como sua arma secreta contra ele. Ele não consegue resistir muito tempo quando você a esfrega em sua face. Ele *tem* de fugir.

7. *Volte-se para os outros: ame-os.* Ninguém pode lhe tirar sua identidade de filha real. Escolha amar e não odiar, viver a morrer. Você não precisa se esconder nunca mais. Quando se cansar (e se cansará!), leia os relatos do Evangelho novamente e lembre o que Jesus teve de aguentar para que você pudesse viver com a cabeça erguida.

Eu amo meditar sobre este versículo:

> [...] e cancelou a escrita de dívida, que consistia em ordenanças, e que nos era contrária. Ele a removeu, pregando-a na cruz e, tendo despojado os poderes e as autoridades, fez deles um espetáculo público, triunfando sobre eles na cruz (Colossenses 2:14-15).

Você é amada, você é bonita, você é valiosa e você é filha do Deus vivo. Diga isso várias e várias vezes, até se ver sorrindo por começar a perceber *que é verdade!*

> Senhor Jesus,
> Seu amor está além da minha compreensão, mas creio que seja verdade. Ofereço-lhe agora a minha vergonha, os trapos imundos do meu passado. Escolho sair desta tempestade de condenação e entrar na sua paz. Obrigada por me amar e por me tornar digna.
>
> Em seu grande nome. Amém.

CAPÍTULO 5

UMA TEMPESTADE SILENCIOSA

DO ARREPENDIMENTO AO DESCANSO

O dedo em movimento escreve e, tendo escrito,
move-se adiante: nem toda a tua piedade nem juízo
o atrairão de volta para cancelar meia linha,
nem todas as tuas lágrimas lavarão uma palavra do que foi escrito.

— OMAR KHAYYAM, *RUBAIYAT DE OMAR KHAYYAM*

"Porque sou eu que conheço os planos que tenho para vocês", diz o Senhor, "planos de fazê-los prosperar e não de lhes causar dano, planos de dar-lhes esperança e um futuro".

— JEREMIAS 29:11

Nunca pensei em minha mãe como uma fã de tubarões, mas é claro que aqueles 1,58 metro de poder materno ainda tinha alguns truques escondidos na manga.

"A estreia será na sexta-feira", disse ela com um entusiasmo geralmente reservado para um lançamento do Bill Gaither Trio!

Ela já tinha um plano em mente.

"Se você vier direto da escola para casa, poderemos ir à sessão das cinco."

Ela não tinha me convencido. "Mãe", respondi, "esse filme é sobre um tubarão enorme que come gente! E nós moramos perto do oceano... talvez não seja uma boa ideia."

"É apenas um filme, Sheila", respondeu ela. "Mas, se você não quer ir, tudo bem."

"Não... não, posso ir", respondi choramingando.

Tubarão, filme de Steven Spielberg que fez enorme sucesso em 1975, tinha estreado em Londres com elogios de público e crítica e começara a nadar ameaçadoramente no mar que levava aos cinemas escoceses. Os comentários eram exaltados.

Horrível, mostra partes do corpo ensanguentadas espalhadas pela praia!

Os banhistas afundam na água e nunca mais são vistos novamente!

Pessoas gritavam, aterrorizadas e desmaiavam!

Acreditei em tudo isso.

O filme também era o principal assunto das conversas na escola em que eu estudava. Era como se você só pudesse continuar vivendo neste planeta se fosse ver *Tubarão* na semana de estreia. Eu tentava não demonstrar minha ansiedade.

"*Definitivamente* eu vou", disse durante o almoço. "Entrarei na fila cedo para conseguir pegar o melhor lugar."

Na sexta-feira, tomei meu caminho da escola para casa. Mudei de roupa, vestindo jeans e um suéter. Considerei a possibilidade de vestir uma blusa com gola alta para poder puxá-la por cima da cabeça ao final dos *trailers*, mas o pensamento de que algum daqueles meninos da escola pudesse me reconhecer fez eu desistir dessa ideia.

Uma hora antes de o filme começar, já havia uma grande multidão reunida do lado de fora do cinema. Entrei na fila com minha mãe de um lado e minha irmã Frances do outro.

"Você está nervosa? Eu estou!" — disse Frances, com uma confiança irritante.

"Claro que estou", respondi, surpreendida comigo mesma por usar um tom de voz um pouco mais alto do que o normal, ainda que com uma hesitação peculiar. "Mas se você tiver pesadelos, que é uma possibilidade, não me culpe."

Frances revirou os olhos.

Meu coração saltava no peito. Não gosto de filmes em que as coisas pulam para fora da tela e vêm para cima de mim, em particular quando querem me comer. Somado a isso, havia o horror de nadar momentos antes de ser comida e respirar dentro de um saco de papel pardo para tentar me acalmar.

A fila do ingresso andou rápido demais. Quatro adolescentes que estavam a nossa frente passavam o tempo fazendo imitações de tubarão pouco convincentes. Então, chegou a nossa vez. Dei um passo à frente e, antes que minha mãe e minha irmã tivessem chance de dizer uma palavra, soltei: "Três ingressos para *A montanha enfeitiçada*, por favor."

"O quê?!" Era possível perceber o desgosto da minha irmã a um quilômetro de distância. Minha decisão impetuosa aborreceu Frances, desapontou minha mãe e me constrangeu.

(Também devo admitir que aquele filme foi inacreditavelmente ruim. A média da faixa etária das únicas pessoas que estavam na mesma sala que nós parecia ser dez anos. Arrependi-me imediatamente da decisão que tomei.)

Sou uma covarde!

Sou uma grande, gorda e covarde medrosa.

E o que eu diria na escola? Temia acrescentar qualquer coisa às inevitáveis conversas entre meus colegas, com medo de deixar escapar o que aconteceu. "Dá para acreditar naquela cena em que o tubarão cuspiu o homem e ele continuava vivo?"

Minhas opções me pareciam bem claras. Eu poderia ir assistir ao filme antes de segunda-feira ou mudar de escola.

Todo sábado à noite, minha melhor amiga, Andree, e eu íamos participar do grupo de jovens. Eu a encontrei do lado de fora da igreja, na noite seguinte, e a coloquei a par da situação.

"Andree, nós temos de assistir ao *Tubarão*. Não quero, mas tenho de ir ou jamais conseguirei voltar à escola."

O filme foi *apavorante*! Gritei algumas vezes e atirei um balde de pipoca sobre o homem que estava sentado a minha frente. Mas, a não ser por isso, tudo correu bem. Senti orgulho de mim mesma. Despedi-me de Andree, pedindo desculpas rapidamente ao Senhor por ter faltado à reunião de jovens, e segui para casa.

"Adivinhe!", disse à minha irmã, que encontrei enrolada em sua poltrona favorita, perto da lareira. Minha mãe estava por ali, passando algumas roupas. "Acabei de ver *Tubarão* e achei apavorante!"

Frieza. Foi o que minha irmã me passou.

PALAVRA PEQUENA, IMPACTO GRANDE

A palavra "arrependimento" pode descrever a emoção de alguém em relação a uma decisão tão banal quanto desistir de ver um filme ou tingir o próprio o cabelo em casa.

Entretanto, há casos em que o arrependimento pode consumir a vida.

- Quando você se arrepende da faculdade que escolheu, convencida de que a vida seria bem melhor se tivesse optado por um curso de outra faculdade ou outra formação.
- Quando você se arrepende de quem escolheu para marido e fantasia a vida que poderia ter tido se tivesse se casado com o bonitão que acabou de entrar para a sua igreja.
- Quando você se arrepende de ter decidido esperar até alcançar uma boa estabilidade na carreira profissional para então ter filhos.

Quando uma decisão traz consequências pesadas, o arrependimento pode atormentar seu espírito. Você muitas vezes se verá perdida em um mundo de infinitos "como teria sido, se...":

... eu tivesse aceito o seguro contra enchente? Era relativamente barato. Como iremos nos recuperar deste desastre?

... eu tivesse me oferecido para dirigir até em casa? Eu sabia que meu marido tinha tomado algumas taças de vinho. O acidente jamais teria acontecido. Vidas não teriam sido mudadas para sempre.

... eu tivesse me recusado a fazer aquele aborto? Sei que, por causa disso, não posso ter filhos. Fui castigada por Deus.

... eu tivesse recusado o primeiro convite dele para irmos tomar café? Nosso relacionamento custou-me tudo que tinha! Joguei minha vida no lixo por um homem que provou que não valia nada.

O arrependimento nos castiga como se nunca acabasse ou houvesse esperança. A Bíblia declara que o tipo de "tristeza" que traz o "arrependimento" acaba em "morte" (2Coríntios 7:10). Nesse texto, o que Paulo quer dizer é que o arrependimento divino nos leva a voltar atrás, a nos afastar do pecado para não repeti-lo, enquanto o lamentar mundano é aquilo que sentimos quando perdemos a aprovação do mundo que nos cerca e sacrificamos qualquer coisa, inclusive nossas vidas espirituais, para reconquistarmos a aprovação. O arrependimento é como um tornado, que pode nos pegar e nos levar ao pé da cruz ou ao outro lado do mundo.

Você é capaz de identificar os próprios arrependimentos? É possível que eles não pareçam tão graves quanto aqueles listados anteriormente, mas pode parecer que eles estejam deixando você deprimida. O fracasso em lidar com o arrependimento pode arruinar nossas vidas.

Conheci uma mulher que descobriu um gigante adormecido após tomar bebida alcoólica pela primeira vez. Decidiu começar a beber depois que o marido a abandonou. Ela admitiu que se tornou alcoólatra. A vida dessa mulher, uma vez bem-sucedida, se descontrolou. Ela se arrepende profundamente de ter tomado aquele primeiro drinque.

Por que fiz aquilo? Minha vida estava uma bagunça. Por quê?

A dura realidade sobre algumas de nossas decisões é que não podemos mudar o resultado. Não podemos voltar para onde estávamos antes daquele momento. Fizemos uma escolha e aquela decisão afetou tudo o mais em nossas vidas.

É uma porta que bateram na sua cara.

São as luzes que foram apagadas e a deixaram sozinha na escuridão.

É um fim mortal.

As emoções trazidas pelo arrependimento podem ser agitadas e misturadas, como se um tornado tivesse devastado seu coração.

Raiva
Medo
Vergonha
Culpa
Dor
Saudade
Sofrimento
Amargura
Tristeza

Quando Barry e eu nos mudamos para Dallas, no Texas, compramos uma casa localizada em uma área que julgamos ideal para nosso filho, então com sete anos. Tínhamos muitos vizinhos com filhos pequenos. Em questão de meses, ficou claro para nós — conforme as placas de "Vende-se" começaram a surgir a nossa volta — que aquela vizinhança não era o local idílico que tínhamos imaginado. Adolescentes em seus carros saíam constantemente de uma escola local e passavam correndo pela nossa rua. Nós colocamos placas de sinalização para tentar fazer com que eles diminuíssem a velocidade, mas não fez nenhuma diferença. Após um incidente, em que dois garotos que apostavam corrida passaram na frente da nossa casa e quase derrubaram Christian da bicicleta, disse a Barry que precisávamos mudar dali. O mercado imobiliário estava favorável aos vendedores, então pusemos a nossa casa na lista. Dois casais rapidamente manifestaram bastante interesse e, ao mesmo tempo, encontramos uma casa no bairro para onde queríamos nos mudar. Sabíamos que alguém rapidamente agarraria aquela oportunidade e não queríamos perdê-la (tenho certeza de que você já sabe onde isso vai dar.)

Fizemos uma oferta pela casa que queríamos e o vendedor a aceitou. Antes de assinarmos a papelada, todavia, o mercado imobiliário sofreu uma queda e — rápido assim — ninguém mais quis comprar nossa antiga casa. Durante quatro anos, mantivemos duas casas — um pesadelo financeiro.

Não posso lhe dizer por quantos dias e noites me castiguei por ter tomado aquela decisão tão precipitada. É evidente que aquilo não se comparava ao tipo de escolhas malignas que destroem casamentos ou levam entes queridos, mas exerceu um grave impacto em nossas vidas. Por muito tempo, senti arrependimento por aquela decisão. Orei e pedi a Deus para nos perdoar por termos agido de um modo tão financeiramente irresponsável. E sabia que ele nos perdoava, mas mesmo assim tínhamos de conviver com as consequências.

Em *David Copperfield*, minha obra preferida de Charles Dickens, há a seguinte passagem: "Foi uma noite longa e sombria que se abateu sobre mim, assombrada pelos fantasmas de muitas esperanças, de muitas recordações queridas, muitos erros, muito sofrimento em vão [...]".

É isto que o arrependimento nos faz sentir: como se passássemos por uma noite longa e sombria, sem sinal do amanhecer no horizonte. Quando nos arrependemos de algo que fizemos, de algo que alguém nos fez ou de algo que deveríamos ter feito e não fizemos, esse sentimento torna-se uma forma de se agarrar os holofotes do palco humano. O arrependimento tende a ser classificado em uma dentre quatro categorias:

- Arrependimento pelas coisas que fizemos.
- Arrependimento pelo que não fizemos.
- Arrependimento pelo que nos fizeram.
- Arrependimento pelo que os outros não fizeram.

Certamente, existem outros tipos de arrependimento, mas esses não tendem a nos consumir com tamanha ferocidade como esses quatro. As seguradoras, por exemplo, chamam os desastres naturais de "atos de Deus". Quando um tornado devasta uma cidade e destrói sua casa, a tragédia nos toma de assalto. Mas você não sente o mesmo peso do arrependimento, afinal, o que você poderia ter feito? É possível que sinta raiva, tristeza ou até depressão, mas raramente sentirá arrependimento.

Por outro lado, podemos ver nossos filhos crescerem e sentir dor pelo modo tão rápido como eles estão se tornando adultos. Entretanto, a menos que, como pais, tenhamos feito algumas escolhas de fato ruins, isso não causa mais arrependimento do que a inevitabilidade da vida. Certo dia, encontrei o primeiro par de sapatinhos de bebê que comprei para Christian. Então, os coloquei ao lado do par de "canoas" que hoje ele calça, pensando no quanto eu sentia saudade daqueles dias em que ele saia arrastando seu pequeno dinossauro pela casa. Um momento doloroso? Certamente. Mas sem arrependimento. Apenas fui abatida pela nostalgia aliada ao amor maternal.

O arrependimento verdadeiro, porém, pode alterar o panorama das nossas vidas e dos nossos relacionamentos. Assim como o tornado mais forte pode arrancar aquilo que um dia foi nosso, o arrependimento pode nos prejudicar com a mentira de que nossas vidas foram irremediavelmente arruinadas.

Arrependimento pelo que fizemos

Essa é uma questão difícil para nós, mulheres, principalmente quando fizemos algo que, no fundo de nossas entranhas, consideramos errado. Como mulheres cristãs, a culpa pode se tornar ainda mais pronunciada.

Uma jovem, que se envolveu em um relacionamento extraconjugal no primeiro ano de seu casamento, escreveu-me isto: "Como poderei me perdoar, algum dia? Eu sabia que era errado e, mesmo assim, errei. Conheço as Escrituras segundo as quais Deus jamais nos dá um fardo maior do que aquele que podemos carregar, mas sempre nos dá um meio de escapar. Eu sabia disso. Eu senti isso e, mesmo assim, errei. Como pode haver perdão para o que fiz?"

Outra jovem escreveu: "Meu marido quer ser pai de qualquer jeito, mas não me sinto preparada. Então, quando engravidei, não contei a ele. Fiz um aborto e ele nunca soube disso. Mesmo que Deus me perdoe, meu marido nunca perdoaria. Sinto como se estivesse morrendo por dentro."

Situações como essas são um convite para o inimigo.

Você se diz cristã? Você é hipócrita!

Você traiu quem a amava. Que tipo de mulher é você?

Se alguém descobrir o que você fez, estará tudo acabado para você... Você estará arruinada!

Pensamentos como esses já a atormentaram? Você se arrepende de algo que fez, mas não vê nenhuma saída? Deixe-me lembrá-la o que a Palavra de Deus diz sobre o seu pecado.

> “Venham, vamos refletir juntos”, diz o Senhor. “Embora os seus pecados sejam vermelhos como escarlate, eles se tornarão brancos como a neve; embora sejam rubros como púrpura, como a lã se tornarão” (Isaías 1:18).

Você lembra o que os romanos disseram a Jesus antes de ele morrer para pagar por nosso pecado?

> Então, os soldados do governador levaram Jesus ao Pretório e reuniram toda a tropa ao seu redor. Tiraram-lhe as vestes e puseram nele um manto vermelho. (Mateus 27:27-28).

Os soldados romanos vestiram o puro e imaculado Cordeiro de Deus de vermelho — um símbolo de nosso pecado —, enquanto ele preparava o caminho para que nós nos fizéssemos brancos como a neve. É extraordinário o fato de que Deus orquestraria cada faceta de nossa redenção, até mesmo no simbolismo envolvido.

Vemos a cor vermelha narrada ao longo de toda a Escritura. Você consegue seguir as gotas de sangue no Éden até os umbrais do Egito, pintados com sangue de cordeiros pascais. Perceba, então, que essa cor faz uma parada inesperada em Jericó. Você lembra?

A cor vermelha mudou a vida de Raabe, uma prostituta. Você encontrará a história dramática dessa mulher em Josué 2.

Quando os israelitas atravessaram o rio Jordão e entraram em Canaã, encontraram um problema enorme. A cidade fortificada de Jericó, com todo o seu porte intimidante, bloqueava o acesso ao coração da terra prometida. As fortificações maciças impossibilitavam que a cidade fosse invadida e os israelitas não estavam prontos nem equipados para um sítio por longo tempo. Além disso, um cerco prolongado daria aos cananitas tempo suficiente para se unirem e esmagá-los. Então, Josué enviou dois espiões para examinarem a cidade.

Os homens precisavam de um lugar para se esconder. Mas, onde? Dentre todas as pessoas, a prostituta Raabe foi quem lhes deu abrigo. As Escrituras nos contam que eles foram à casa dela e "ali passaram a noite" (Josué 2:1). Como? Eles passaram a noite inteira lá? Na casa de uma prostituta pagã? Tente fazer *isso* passar pelo conselho missionário da igreja!

As Escrituras revelam um monte de histórias como essa. Mas, em cada uma delas, se nos aprofundarmos um pouco mais, ficaremos frente à frente com o chocante, superior e, às vezes, ofensivo amor de Deus. As histórias nunca destacam a depravação das pessoas, em vez disso, revelam a grandiosidade e a benevolência de Deus. E a história de Raabe é exatamente assim.

Nós não sabemos por que nem quando ela se tornou prostituta, mas quando a conhecemos ela queria mudar de vida. Achei incrível o fato de Raabe passar do arrependimento à ação e isso levar ao descanso — não apenas para Raabe e sua família, mas também para as futuras gerações. (Raabe é uma das quatro mulheres mencionadas na genealogia de Cristo!)

Quando os guardas reais vieram à porta de Raabe perguntar sobre os espiões, a vemos em uma das encruzilhadas mais importantes de sua vida. Se ela revelasse o que estava acontecendo àqueles homens, seria recompensada. Se ela os abrigasse, não teria motivos para crer que eles fariam qualquer coisa por ela. Por que fariam? Mas Raabe, de fato, dá um passo rumo à fé, partindo de um passado do qual se arrepende, na direção da promessa de um futuro pelo qual anseia, e assim decide abrigar os espiões. Tudo que lhes pediu foi que, quando a cidade fosse destruída, salvassem a ela e a sua família.

Os espiões deram apenas uma orientação essencial para que pudessem protegê-la: "se, quando entrarmos na terra, você não tiver amarrado este cordão vermelho na janela pela qual nos ajudou a descer" (v. 18).

Momentos depois, quando as paredes da cidade desmoronaram e os israelitas invadiram Jericó, apenas uma família sobreviveu: a família de Raabe. Eles sobreviveram por causa do cordão vermelho pendurado na janela. Nós não sabemos nada sobre a família de Raabe, nem sobre o tipo de gente que eram, pois isso não importa. O que os salvou — e salva você e eu — foi o cordão vermelho, o sangue sobre os umbrais: o sangue de Cristo derramado. Pendure o cordão vermelho na janela da sua alma e não permita que o arrependimento pelo que tenha feito lhe tire a alegria de ser quem você é!

Em sua carta aos colossenses, Paulo escreveu uma das minhas passagens favoritas, que fala do caráter definitivo da vida de Cristo relacionada com nosso pecado na cruz.

> Quando vocês estavam mortos em pecados e na incircuncisão da sua carne, Deus os vivificou com Cristo. Ele nos perdoou todas as transgressões, e cancelou a escrita de dívida, que consistia em ordenanças, e que nos era contrária. Ele a removeu, pregando-a na cruz, e, tendo despojado os poderes e as autoridades, fez deles um espetáculo público, triunfando sobre eles na cruz (Colossenses 2:13-15).

Jesus cancelou nossos registros de pecado! Todos nós temos uma conta que não podemos pagar. Só Jesus tem os recursos para perdoar esse débito.

Quando Paulo escreveu que Jesus *cancelou* nossa dívida, ele tinha em mente uma visão diferente daquela que normalmente vem a nossa mente. No tempo de Paulo, os escritores usavam velino ou papiro para escrever, que eram ambos materiais caros. A tinta que eles usavam não continha ácido e é o ácido que faz a tinta se prender instantaneamente ao papel. Alguém poderia remover o que fora escrito no velino ou no papiro (antes de secar) apenas agitando o papel. É esta a imagem que Paulo trazia na mente. Quando confessamos nossos pecados, Cristo põe uma pedra no assunto. Não sobra nem a indentação das palavras!

Entretanto, apesar de Cristo ter lidado com nosso pecado, ainda temos de abandonar as consequências das nossas escolhas. A jovem que tivera um relacionamento extraconjugal pode reconhecer seu pecado, mas não tem controle sobre o modo como seu marido irá reagir. Mesmo assim, manter esse segredo a faz se sentir mal. Por esse motivo, eu a aconselhei a encontrar um conselheiro verdadeiramente confiável a quem ela pudesse confessar seu pecado, alguém que a amaria e com ela compartilharia a graça e a misericórdia de Deus, acompanhando-a nesta jornada.

> Portanto, confessem os seus pecados uns aos outros e orem uns pelos outros para serem curados. A oração de um justo é poderosa e eficaz (Tiago 5:16).

> A tristeza segundo Deus não produz remorso, mas sim um arrependimento que leva à salvação, e a tristeza segundo o mundo produz morte (2Coríntios 7:10).

O mal-estar peculiar do arrependimento exige oração. Nós podemos nos sentir desesperadamente decepcionadas por termos de enfrentar nossa condição de pecadoras, mas Jesus veio para que nos tornássemos capazes de fazer exatamente isso.

Mas ele não nos abandonou nesse ponto.

Ele nos deu a força para encarar nossa condição de pecadoras para que ele pudesse nos conduzir de volta ao caminho da vida. E somente nesse caminho, nós encontraremos o descanso que procuramos.

> Assim diz o Senhor: "Ponham-se nas encruzilhadas e olhem; perguntem pelos caminhos antigos, perguntem pelo bom caminho. Sigam-no e acharão descanso. Mas vocês disseram: 'Não seguiremos!'" (Jeremias 6:16).

Arrependimento pelo que não fizemos

Uma das histórias mais tristes que já assisti no noticiário foi o relato de um incêndio fatal, que começou quando uma mulher esqueceu algo no fogão. Ela tentou fazer com seus dois filhos pequenos conseguissem sair, mas o menor deles morreu em meio às chamas. Peguei-me soluçando com a mulher, que clamava: "Por que não chequei o fogão?" Senti-me extremamente triste ao ver a dor dela. A mulher não só tinha perdido um filho como também se culpava.

Que arrependimento esmagador!

O *Harvard Newsletter* contou a história de um homem que vivia em Liverpool, na Inglaterra, que sempre apostava os mesmos números na loteria. Então, houve uma vez em que ele se esqueceu de renovar seu cartão e "seus" números foram sorteados. Aquele pobre homem ficou tão cheio de autorrecriminação e arrependimento, que cometeu suicídio. Ele não conseguiu suportar o fato de chegar mentalmente "tão perto" de uma vida de riquezas e, então, não conseguir alcançá-la por algo que deixou de fazer.

Você alguma vez aderiu a um vício como ficar repetindo eventos em sua mente e pensando...

Se eu tivesse feito aquilo, as coisas seriam diferentes.

Se eu tivesse saído de casa dez minutos mais tarde.

Se eu tivesse lhe emprestado meu carro, ele não teria ficado sem gasolina naquela estrada movimentada.

Se eu tivesse lhe dito para voltar até as dez horas.

A lista nunca termina e nunca para de nos punir. Considere, porém, meu ponto de partida diante de todos os "se eu tivesse..." da vida:

Deus está no controle.

Deus é soberano.

Quando Christian estava com mais ou menos dez anos, entrou em uma fase de ficar preocupado com minhas viagens.

"E se o avião cair, mãe?"

"E se alguém entrar no hotel e machucar você?"

Eu pegava minha Bíblia e lia o Salmo 139 para ele. Se você já lutou com as questões do "e se..." ou se sentiu insegura e perturbada neste mundo, copie este salmo e leve-o com você para onde quer que vá.

> Senhor, tu me sondas e me conheces. Sabes quando me sento e quando me levanto; de longe percebes os meus pensamentos. *Sabes muito bem quando trabalho e quando descanso*; todos os meus caminhos são bem conhecidos

> por ti. Antes mesmo que a palavra me chegue à língua, tu já a conheces inteiramente, Senhor. Tu me cercas, por trás e pela frente, e pões a tua mão sobre mim. Tal conhecimento é maravilhoso demais e está além do meu alcance; é tão elevado que não o posso atingir. Para onde poderia eu escapar do teu Espírito? Para onde poderia fugir da tua presença? Se eu subir aos céus, lá estás; se eu fizer a minha cama na sepultura também lá estás. Se eu subir com as asas da alvorada e morar na extremidade do mar, mesmo ali a tua mão direita me guiará e me susterá. Mesmo que eu diga que as trevas me encobrirão, e que a luz se tornará noite ao meu redor, verei que nem as trevas são escuras para ti. A noite brilhará como o dia, pois para ti as trevas são luz. Tu criaste o íntimo do meu ser e me teceste no ventre de minha mãe. Eu te louvo porque me fizeste de modo especial e admirável. Tuas obras são maravilhosas! Digo isso com convicção. Meus ossos não estavam escondidos de ti quando em secreto fui formado e entretecido como nas profundezas da terra. *Os teus olhos viram o meu embrião; todos os dias determinados para mim foram escritos no teu livro antes de qualquer deles existir* (Salmos 139:1-16, grifo nosso).

Devo ter lido este salmo centenas de vezes para o Christian. Em particular, o versículo 16. A palavra usada por Davi ao descrever Deus a observá-lo antes de seu nascimento, "embrião", aparece somente neste trecho, em todo o Antigo Testamento. Seu significado é "enrolado" ou "embrulhado". Mas que descrição adorável a de um embrião ou feto firmemente embrulhado dentro do útero materno, até Deus começar a desenrolar cada parte. Davi escreve que cada dia de sua vida estava gravado no livro de Deus e isso foi dito novamente, no Salmo 69:28, em que Davi chama a Deus para punir seus inimigos: "Sejam eles tirados do livro da vida e não sejam incluídos no rol dos justos." O salmista confia nesta verdade de que Deus sozinho já havia decidido, antes de seu nascimento, qual seria a duração exata de sua vida.

"Percebe, querido? Esteja eu viajando ou em casa, Deus está comigo. Eu não era nem nascida quando ele escreveu cada um dos momentos da minha vida. Não irei para casa para estar com Jesus um dia antes ou depois de ele ter determinado isso."

Essa é uma verdade profunda a que precisamos agarrar e reconhecer, pois o inimigo adoraria nos fazer acreditar que vivemos em uma corda bamba, tentando navegar em mares furiosos, sem jamais identificar quando uma rajada de vento nos derrubaria. Isso é uma mentira. Deus está no controle de todas as coisas, sempre.

Com frequência compartilho essa verdade com pessoas devastadas por um acidente trágico que tenha tirado a vida de alguém especialmente amado. A vida pode parecer tão aleatória, tão fora de controle, mas mesmo quando nosso coração está partido, existe confiança em saber que, embora a morte dessas pessoas nos pareça tão definitiva, para Deus, significa que elas terminaram a corrida. Eu compreendo por que Deus deixa algumas coisas terríveis acontecerem? Eu nem sequer tento compreender. Esse é um assunto amplo demais contra o qual lutaram escritores bem mais qualificados do que eu. Mesmo assim... Eu encontro algum descanso na verdade de que Deus está no controle. Como escreveu o salmista: "O nosso Deus está nos céus, e pode fazer tudo o que lhe agrada" (Salmos 115:3).

Você também consegue abraçar essa verdade? Você pegará todos os arrependimentos por coisas que não fez e os colocará aos pés de Jesus?

Ele observa a sua vida. Ele cuida de você. O plano de Deus continua sendo desdobrado até mesmo quando parece estar fora de controle.

Coisas que fizeram a você

Pouco antes do Natal, há algum tempo, o marido de uma amiga cometeu suicídio e a deixou sozinha com três filhos pequenos para criar. Ninguém do círculo de pessoas próximas a ele percebeu o que estava para acontecer.

O suicídio deixa aqueles que aqui ficam com uma diversidade de emoções, enquanto passam a sobreviver em um cenário que mudou para sempre. Um tornado muitas vezes emite um pequeno sinal de alerta, o mesmo acontece com o suicídio. Sinto uma profunda empatia pela tragédia vivenciada por essa família, pois meu pai tirou a própria vida aos 34 anos, deixando minha mãe sozinha para criar três filhos. Um aneurisma cerebral rompido fez com que ele "deixasse de ser quem era" e, como uma família, nós crescemos para poder entender o significado médico disso. Entretanto, a parte terrível sobre o suicídio é que ele encerra a conversa. Não importa quantas perguntas você tenha, nem a revolta que você possa estar sentindo, nem o remorso que você possa sentir... A pessoa simplesmente se foi.

Muitas mulheres que sentem como se a vida tivesse sido congelada, paralisada naquele momento, como um relógio quebrado.

Para alguns, o golpe de um divórcio é bastante semelhante. Um dia, o homem com quem você tem compartilhado a vida diz que não a ama mais. Ele sai, sem olhar para trás e leva consigo a vida dele. O que você deveria fazer? Tenho conversado e chorado com muitas mulheres que sentem como se suas vidas tivessem sido congeladas, paralisadas naquele momento, como um relógio quebrado. Uma mulher escreveu: "É surreal. É como se eu estivesse dentro de um filme terrível ou um pesadelo do qual não conseguisse despertar. Como ele pode simplesmente ir embora e levar uma vida diferente? O que devo fazer?"

Uma das realidades mais duras da vida é que aqueles a quem amamos nem sempre escolhem seguir a jornada conosco.

Não sei o que aconteceu com o marido da minha amiga, quando ele fez aquela escolha devastadora de acabar com a própria vida.

Não sei quais pensamentos passavam pela cabeça do meu pai, antes de ele entrar na água.

Não sei por que os homens (e as mulheres) às vezes largam tudo e todos que conhecem e amam para tentar levar uma vida diferente.

Nós apenas não sabemos. E duvido que muitas *dessas pessoas* de fato também soubessem. Será que o marido da minha amiga sentia tanta dor naquele lugar, que preferiu recorrer a uma solução permanente para algo que talvez fosse uma tempestade passageira? Aqueles que sobrevivem a um tornado dizem que parece ter um trem de carga se aproximando cada vez mais e mais, a cada segundo. Eu só posso imaginar as mentiras que o inimigo sussurra, como sons de um desastre iminente se aproximando.

Acaba com isso agora!
Faça isso parar!
Assuma o controle!

Às vezes tento imaginar o que poderia estar acontecendo na mente do meu pai na noite em que ele se matou. Ele tinha só 34 anos de idade e estava condenado a viver em um asilo pelo resto da vida. O dano ocorrido no cérebro dele era irreversível. Talvez, o mais cruel de tudo, é que ele sabia disso. Por ser um homem violento no passado, ele foi levado de nossa casa e internado em uma enfermaria de segurança máxima. Ele dividia um espaço mínimo com homens de setenta a oitenta anos que haviam perdido totalmente o contato com a realidade. Aquele presente da vida não foi dado ao meu pai.

Havia momentos de lucidez, em que ele sabia quem era, onde estava e o que tinha perdido. Minha mãe dizia que, nesses momentos, seus soluços eram quase mais do que ela conseguia suportar. Então, ela perguntou ao médico que cuidava de meu pai se ele poderia ser transferido para uma enfermaria onde houvesse pacientes mais jovens. Eles o transferiram, porém era uma unidade menos segura. Em sua primeira noite por lá, meu pai fugiu. Eles o procuraram durante a noite inteira e o encontraram assim que amanheceu.

Ele ficou preso nas redes de pesca do rio.

Dá para imaginar o remorso que minha mãe sentiu? Ela não só perdera o único homem que amou em toda a sua vida como também tinha sido quem pediu para o transferirem de unidade. Conforme eu fui crescendo, nós nunca conversávamos sobre essas coisas. Não sei se era reserva de escocês ou apenas diferença de épocas. Entretanto, desde o dia do funeral do meu pai, quando eu tinha cinco anos, até chegar aos trinta, nós nunca mais falamos sobre o que aconteceu com ele.

Ironicamente, foi apenas quando terminei em uma enfermaria psiquiátrica, aos 34 anos, que meu tornado pessoal finalmente arrancou o telhado que encobria todos os nossos segredos. Mamãe veio de avião, da Escócia, e se hospedou em um hotel perto do hospital. Assim, eu não ficaria sozinha ao receber alta. Em uma manhã, meu terapeuta a convidou para participar de uma de minhas sessões. Não havia como saber o quão terrível e belo seria aquele dia. Durante toda a minha vida, eu havia sido "cuidadosa" demais com relação às emoções da minha família, em particular com as da minha mãe.

Entretanto, no momento em que fui parar naquele hospital, tudo estava acabado. Eu estava cansada demais para continuar tentando. Meu terapeuta incentivou-me a deixar minha mãe no caos de emoções que eu lutava há tanto tempo para controlar, convencida de que, um dia, seria derrotada. As perguntas foram saindo de mim mais em forma de lamentações do que em sentenças. Eu olhava diretamente para ela.

"Por que ele fez aquilo?"

"Por que nós nunca mais voltamos a falar sobre ele?"

"Por que você me culpou?"

Um som cortante tomou conta do pequeno consultório, e veio da minha mãe. Eu fiquei chocada, em silêncio.

Existem partes da história dela que pertencem somente a ela e que só podem ser compartilhadas por ela. O que posso dizer é que uma onda após outra de arrependimento a deixaram *em choque*. Ela transformou-se numa mulher que eu, até então, nunca conhecera.

Por quase trinta anos pensei que minha mãe me culpava pela morte do meu pai, mas, na verdade, ela culpava a si mesma por aquilo. Foi devastador e maravilhoso ficar calmamente sentada, enquanto meu terapeuta ajudava minha mãe a ver que ela não era mais culpada do que eu.

Um arrependimento silencioso havia se desmanchado em anos de conforto, perdão e apoio compartilhados. Posso dizer hoje que, para minha mãe e para mim, Deus é Redentor.

Nada é desperdiçado.

Nada é perdido.

Nada falta.

O rei Davi lembra-nos de que Deus junta as nossas lágrimas: "Tu contas as minhas vagueações; põe as minhas lágrimas no teu odre. Não estão elas no teu livro?" (Salmos 56:8).

Outros podem não compreender o peso daquilo que a fez chorar, mas Deus entende.

A sua vida não termina quando circunstâncias devastadoras ameaçam consumi-la. O inimigo, porém, amaria se você acreditasse exatamente nisto — que a sua vida foi desperdiçada e acabou. Ele amaria fazê-la viver sob a bandeira silenciosa do REMORSO pelo resta da vida. As mentiras silenciosas em que cremos podem nos massacrar.

Coisas que não foram feitas

Minha amiga Christine Caine descobriu aos trinta anos que havia sido adotada por seus pais. No mesmo dia, descobriu também que seu irmão havia sido adotado de outra de mãe. À medida que a história dela foi sendo revelada, os detalhes foram se tornando ainda mais angustiantes.

A certidão de nascimento dela a reduzira a um número. Na linha "nome da criança" constava "sem nome". Os papéis preenchidos pelo assistente social deixavam claro que sua mãe biológica pouco se importava com sua filhinha.

Sem nome. Indesejada.

Christine tem a prova. Eu vi a papelada.

E também vi um milagre.

Tenho assistido a essa impetuosa mulher de origem greco-australiana buscar fontes mais confiáveis sobre os fatos da sua vida, além de algumas pastas verdes engavetadas em um armário de arquivo, em algum tedioso escritório de repartição pública. No mundo de Deus, ela descobriu que, antes de ter entrado no útero de sua mãe, Deus a conhecia e tinha planos maravilhosos para ela. A ideia de ser reduzida a um número poderia tê-la destruído, mas, em vez disso, Deus usou aquele fato para acender um fogo apaixonado no espírito dela.

Christine e seu marido, Nick, lideraram um ministério chamado A21 Campaign, um sopro para o fim da escravidão no século XXI. Você sabia que hoje existem mais escravos no mundo do que em qualquer outra época da história da humanidade? Há mais de 27 milhões de escravos!

Para Christine, nenhum deles é apenas um número. Cada um deles tem um nome, um futuro e uma vida preciosa pela qual Cristo morreu. Christine acredita que vale a pena lutar por todos eles. (Para saber mais sobre o trabalho de Christine, acesse o site dela.)[1] Eu considero a vida de Christine uma pintura incrivelmente bela do modo como Deus frustra os planos do inimigo para nos destruir. Deus ama pegar as intenções diabólicas de Satanás e usá-las para o bem!

Gostaria realmente de saber o que parece não ter sido concretizado em sua vida. Não sei quais são suas esperanças e seus sonhos, nem como alguém pode ter os abandonado na poeira por ter deixado algo incompleto. Talvez você tenha esperado muito tempo para casar com algum rapaz e ele não fez nada para apressar as coisas. Em uma viagem recente a Londres, conheci uma mulher no trem. Ela contou que se encontrava com o mesmo homem há 13 anos. Ela já estava na casa dos quarenta e continuava esperando que ele a pedisse em casamento. Perguntei se ela vira algum sinal de mudança, qualquer coisa que sustentasse sua esperança, mas a resposta dela foi negativa. O que a tinha paralisado fora a crença de que ela já investira muito da sua vida para, agora, simplesmente ir embora.

"E se ele nunca fizer o pedido?", perguntei.

A resposta dela foi de partir o coração. "Ele pedirá. Eu sei. Ele tem de pedir!"

Talvez você acredite que seu ex-marido pudesse se comportar de modo financeiramente responsável e a ajudasse a criar seus filhos, mas um mês após o outro tudo que você consegue dele são novas desculpas.

Leve seus arrependimentos mais profundos até a cruz. Reconheça-os. Permita-se sentir o peso. A antiga raiz inglesa da palavra *regret* (arrependimento) é *regrete*, que se refere a sofrimento e lamento. Demonstre seus sofrimentos e suas lamentações ao Pai e deixe-o trocar o que você não consegue carregar por aquilo que ele destinou apenas a você. O coração do Pai anseia que todos nós nos movamos do arrependimento, que paralisa nossas almas, para o descanso mais profundo, que é encontrado nele. O arrependimento sufocado pode ofuscar qualquer amanhecer, mas não é tarde demais para abrir as janelas e deixar a luz do sol entrar.

> Derrubei as cortinas escuras e tristes que estavam penduradas como homens mortos em forcas.
> Escancarei as janelas e chorei, enquanto a luz do sol era derramada neste quarto silencioso, tão surpreso quanto eu.
> E quando meus olhos se acostumaram a essa luz ardente e penetrante, percebi que era tempo de voltar a rir.
>
> — Entrada de diário

Talvez pela primeira vez, você esteja tomando consciência do peso do arrependimento que tem carregado há tanto tempo e esteja preparada para quebrar o silêncio.

1. *Seja honesta e reconheça seu arrependimento.* Enfiar o arrependimento no porão da sua alma significa jamais lidar com ele. O inimigo ama remexer no arrependimento e levá-lo de volta pelas escadas. Admita-o, confesse-o e peça a Jesus para perdoá-la pelo que fez ou deixou de fazer.
2. *Sofra suas perdas.* Permita-se sentir a dor das coisas que você desejou que tivessem acontecido ou que aconteceram. Mesmo quando as ondas parecerem altas, não a consumirão. Sofrer machuca, mas também cura. Permita-se ser humana!
3. *Perdoe.* Perdoe a si mesma e àqueles que foram parte de arrependimentos do seu passado. Lembre que, quando você perdoa, *você* é quem se liberta.
4. *Peça a Deus coragem para voltar a se engajar totalmente na vida.* Não permita que o inimigo a convença de que você foi castigada e perdeu sua parte no plano grandioso e redentor de Deus. O diabo mente. Pode ser interessante comprar um pedaço de fita vermelha e pendurá-la em um lugar que possa ver todos os dias e lembrar que Deus a salvou, como certamente salvou Raabe.

Há quase um século e meio, o grande pregador escocês e poeta Horatius Bonar escreveu algumas linhas que continuam a me ajudar até hoje. Oro para que elas tragam o mesmo conforto a você.

Quando os cansados, procurando descanso,
correm para a tua benevolência à procura de refúgio;
quando aqueles carregados com fardos pesados
lançam toda a sua carga sobre ti;
quando os atormentados, buscando paz,
chamarem teu nome;
quando o pecador, em busca de vida,
cair aos teus pés:
ouça no amor, oh Senhor, o clamor no paraíso,
tua morada nas alturas.

— *Hymns of Faith and Hope*
[Hinos de fé e esperança], 1866

Deus Pai,
Sinto-me como se tivesse sido prisioneira do arrependimento por tanto tempo que esqueci como é ser livre. Peço-lhe que me ajude a desenterrar cada arrependimento, pelas coisas que fiz ou pelas coisas que a mim fizeram, e mostre-as a ti. Não quero mais ser prisioneira desta tempestade silenciosa. Escolho descansar em ti. Escolho a ti!

Amém.

CAPÍTULO 6

Raios e trovões

Do medo à alegria

Não temo as tempestades, pois estou aprendendo a navegar em meu barco.

— Louise May Alcott, *Mulherzinhas*

Não se perturbe o coração de vocês. Creiam em Deus; creiam também em mim. Na casa de meu Pai há muitos aposentos; se não fosse assim, eu teria dito a vocês. Vou preparar lugar para vocês. E, quando eu for e preparar lugar, voltarei e os levarei para mim, para que vocês estejam onde eu estiver.

— João 14:1-3

Eu tinha cinco minutos até a porta do avião fechar, então chequei rapidamente minhas mensagens de texto e só então desliguei meu celular.

Uma delas era de Barry, que dizia: "Ligue para mim quando pousar em Denver. Amo você!"

A outra mensagem era de Christian, e dizia: "Mãe, o Dylan pode passar a noite aqui?"

Mas a mensagem de Sally, que era uma das vice-presidentes da Women of Faith (uma conferência para mulheres da qual eu participava desde 1996), fez meu coração perder o ritmo. Ela ficou sabendo de uma mulher, em Denver, que tinha entradas para o nosso evento e acabara de ser brutalmente assinada. E não havia outras informações.

Fiquei alguns minutos tentando absorver aquilo.

Meus pensamentos confusos foram interrompidos por um familiar "Por favor, desliguem todos os BlackBerrys, iPhones, iPads, Kindles e qualquer objeto com interruptor de liga/desliga".

Enviei um texto rápido para Sally, antes de fecharem a porta do avião: "Se houver algo que eu possa fazer ao chegar aí, por favor, me diga."

Minha mente trabalhava aceleradamente. O que teria acontecido àquela pobre mulher? Ela claramente não sofrera um acidente. Sally relatou um assassinato brutal. Será que ela morreu durante uma briga doméstica? Por um ato de violência qualquer?

Pensei na promessa estabelecida durante a última conversa de Jesus com seus amigos mais chegados. Sempre reflito sobre este texto, que é um dos meus favoritos: "Deixo a paz a vocês; a minha paz dou a vocês. Não a dou como o mundo a dá. Não se perturbe o seu coração, nem tenham medo" (João 14:27).

Embora cada promessa de Jesus seja uma rocha sólida, admito que às vezes luto segurando a verdade de sua promessa em uma das mãos enquanto, na outra, a equilibro contra as duras realidades do nosso mundo. Coisas terríveis e impensáveis acontecem a pessoas inocentes em nosso planeta. A violência invade as comunidades enquanto elas dormem, e muda o contexto delas para sempre. E, agora, aquela violência visitara outra cidade pequena do Colorado.

No momento em que o avião aterrissou em Denver, vi que tinha recebido várias mensagens de membros da equipe do Women of Faith com informações sobre o ocorrido. Soube que o nome da mulher assassinada era Mary Katherine Ricard. Ela trabalhava como agente penitenciária no Arkansas Valley Correctional Facility, em Ordway, no Colorado. Uma das mensagens de texto continha um *link* de acesso a um artigo publicado no *Denver Post*. Ao clicar sobre o link, a manchete arrebatou meu coração: "Mary Katherine Ricard teria perdoado seu assassino". O resto do artigo contava alguns detalhes do crime. Mary morrera de forma rápida e violeta na cozinha da prisão, onde supervisionava os internos que ali trabalhavam.

No terminal, sentei por alguns instantes, antes de seguir para a área de retirada das bagagens. Fiquei triste com as notícias. Orei pela filha de Mary, por toda a família dela e pelos funcionários do presídio. Deve ser devastador para todos eles quando um colega morre de forma violenta no cumprimento do dever.

Telefonei para minha casa, para checar se Barry tinha ouvido as notícias. Ele já sabia. Alguém da equipe entrou em contato com a família da moça e Barry, então, tinha o número do celular da filha de Mary Katherine, a Katie. Ele disse que conversou com ela durante alguns instantes e tinha algumas informações extras sobre o assassinato.

"Katie contou que sua mãe nunca trabalhava na segunda-feira", disse Barry. "Ela deveria ir trabalhar nesta noite de sexta, mas trocou de turno porque queria ir a sua palestra, Sheila. Ela foi morta na noite da segunda-feira."

Sentei, com lágrimas rolando pelo meu rosto, enquanto pensava nessa mãe e em sua filha fazendo planos e modificando esquemas para que pudessem orar conosco no Women of Faith. Naquela manhã, Mary se levantou e foi trabalhar, acreditando que tinha conseguido reservar alguns momentos para mãe e filha se divertirem juntas.

Eu gostaria de alcançar aquela família de alguma forma, mas o que é possível dizer diante de tamanha violência? Com o luto ainda tão recente, fica difícil saber o que fazer. As pessoas às vezes querem apenas sofrer sozinhas e em particular.

"Você acha que devo telefonar?", perguntei.

"Sim", disse Barry, "ela perguntou se você telefonaria".

Esperei até estar no quarto calmo e privado do hotel. Ajoelhei-me e fiz uma oração que se tornara bastante familiar para mim, com o passar dos anos. "Senhor, Jesus Cristo, ajoelho-me aos teus pés mais uma vez, estendendo-lhe o que trago dentro de mim para te oferecer. É evidente que apenas isso não basta, nesta situação. Então, peço-lhe que tome os pães e peixes da minha vida, abençoe-os e reparta-os, e sirva-os como alimento àqueles dentre os seus que foram esmagados."

Disquei o número do telefone e Katie atendeu. Conversamos por alguns momentos, então Katie perguntou se podia passar a ligação para o viva-voz.

"Meu pai, o irmão dele e mais alguns parentes estão aqui. Você poderia nos dizer algumas palavras?"

Li um salmo que me trouxe conforto inúmeras vezes.

> O Senhor é o meu pastor; de nada terei falta. Em verdes pastagens me faz repousar e me conduz a águas tranquilas; restaura-me o vigor. Guia-me nas veredas da justiça por amor do seu nome. Mesmo quando eu andar por um vale

> de trevas e morte, não temerei perigo algum, pois tu estás comigo; a tua vara e o teu cajado me protegem. Preparas um banquete para mim à vista dos meus inimigos. Tu me honras, ungindo a minha cabeça com óleo e fazendo transbordar o meu cálice. Sei que a bondade e a fidelidade me acompanharão todos os dias da minha vida, e voltarei à casa do Senhor enquanto eu viver (Salmos 23).

Então, orei. Orei por conforto, força e pela paz de Cristo que desafia a explicação. Katie disse que, ao longo dos últimos anos, ela e sua mãe passaram a ir juntas às nossas conferências. "Todo ano, nós aguardávamos ansiosas pela reunião", disse ela. "Era o nosso momento de renovação espiritual. Nós sempre ríamos bastante e também chorávamos muito, mas íamos embora verdadeiramente alegres."

Antes de nos despedirmos, perguntei a Katie se havia algo que eu pudesse fazer por ela ou por sua família. Ela disse que, na próxima segunda-feira, haveria um memorial por sua mãe. Três mil agentes penitenciários viriam de avião até lá, vindos de todo o país.

"Minha mãe amava ouvir você cantar "You Raise Me Up" [Você me eleva]", disse ela. "Você ficaria por aqui e cantaria no memorial dela?"

"Claro que sim."

A família permaneceu no meu pensamento e em minhas orações, naquele fim de semana inteiro. Eu queria saber mais sobre os últimos momentos de Mary Katherine. Será que ela tentou lutar para se defender? Enquanto o medo pode nos impelir a cometer atos que aparentemente exigem uma força sobre-humana, há momentos em que ele simplesmente nos paralisa.

Quando eu tinha 16 anos, vi um carro atropelar uma mulher com seu bebê, que atravessavam a faixa de pedestres. O carro acertou o carrinho do bebê com tanta força que o bebê saltou pelos ares como um gato, enquanto a mãe era arrastada por vários metros pelo veículo. Embora eu estivesse parada há apenas alguns metros de distância, continuei pregada no lugar onde estava. Mesmo enquanto as outras pessoas passaram correndo por mim para socorrer as vítimas, eu não fiz nada. Eu não conseguia nem olhar. Fiquei parada na beira da pista, com meu rosto enterrado nas mãos. Não conseguia me mexer. Lembro-me de ter ouvido um grunhido estranho e ficar imaginando o que poderia ser — até perceber que aquele barulho vinha de mim mesma. Durante meses, senti-me profundamente envergonhada da minha incapacidade de fazer outra coisa senão ficar lá parada, paralisada de medo.

Você já passou por um momento desses? Talvez não tão dramático quanto ver um acidente ocorrer bem diante dos seus olhos, mas um momento em que o medo a agarrou e você sentiu sua espinha fria como aço se enrolar em volta do seu coração e da sua mente.

As muitas faces do medo

O medo tem muitos disfarces. Pode ser tão repentino e violento quanto um raio que cai em uma árvore partindo-a ao meio, ou tão perpétuo e debilitante quanto dias seguidos de chuva sem promessa de raios de sol. Para muitas de nós, o medo é uma resposta a uma situação inesperada, mas para outras, parece fazer parte do tecido de suas almas.

Tenho uma amiga que, à noite, verifica várias vezes se seu bebê está respirando. A possibilidade de perder sua pequena filha a atormenta e lhe tira o sono. Ela admite que seu medo não tem base racional. A criança é forte e sadia, mas o medo obscurece tudo na vida dela, como uma ameaçadora nuvem interna.

Você poderia classificar o próprio medo como ansiedade. Entretanto, embora a realidade do medo seja diferente para cada uma de nós, existe um aspecto que permanece constante: o medo nos rouba a alegria. Quando o medo chega ao palco, acreditamos ser impossível viver "o que é", por causa "do que pode ser".

A ansiedade atingiu proporções epidêmicas nos Estados Unidos. Apesar do status de nação mais rica da Terra, os Estados Unidos também recebeu a dúbia distinção de ser o país onde há mais ansiedade, com quase um terço dos norte-americanos propensos a sofrer transtornos de ansiedade ao longo da vida.[1] Não há outra nação que chegue ao menos perto dos Estados Unidos.

Qual é a origem dessa ansiedade, desse medo? Alguns dizem que nossa perseguição pela felicidade conduz a uma infelicidade desordenada e desesperada. Nós nos sentimos consumidos pela busca por uma condição de vida mais elevada que simplesmente inexiste — ou, pelo menos, não é duradoura — neste planeta.

Essa certeza parece plausível, mas então por que tantos de nós, adoradores de Deus, nos sentimos oprimidos pelo medo?

Pouco antes do Natal, ministrei uma palestra em um evento realizado em uma pequena cidade do Texas, Dripping Springs. Perguntei às mulheres que estavam na plateia quais presentes elas colocariam junto à manjedoura do menino Jesus, que estava ali, naquela noite, sagrada há tanto tempo. Algumas das respostas que eu esperava eram:

"Eu lhe daria meu coração."

"Eu lhe daria todo o meu amor."

Mas ouvi algumas respostas bastante surpreendentes e até muito reveladoras. Vários cartões de resposta falavam de um quebrantamento profundo e de medo em relação ao futuro.

"Eu lhe daria a minha ansiedade."

"Eu daria a ele o medo que sinto do futuro."

"Eu lhe daria meus filhos, pois temo pelo futuro deles."

"Eu lhe daria meu casamento. Eu pediria a ele para trazer meu marido de volta para casa."

"Eu daria a ele tudo que tenho, se ele apenas me desse a graça da paz."

O inimigo ama usar a arma do medo contra nós, afiando-a finamente para perfurar o coração das filhas de Deus. Nós lemos nas Escrituras que o amor perfeito expulsa o medo (1João 4:18), mas de algum modo nós encontramos certa dificuldade em relação à palavra *perfeito*. Nossos corações anseiam por saber como isso poderia funcionar na prática.

Raios e trovões

Vamos retomar o que foi dito no início deste capítulo. Você ficou ao menos um pouco curiosa para saber por que eu escolhi iniciar uma reflexão sobre superação do medo descrevendo aquela história da mulher que amava a Deus e perdeu a vida nas mãos de um assassino? Eu escolhi aquela história por um motivo muito simples: se o amor de Deus pode dominar a pior coisa que o inimigo é capaz de lançar sobre nós, então não temos de temer suas tentativas mais vis de nos destruir. Quando nos atrevemos a encarar a face do pior que a vida tem a oferecer, e até mesmo nela enxergamos a misericórdia redentora de Deus, então o medo deve tomar seu assento nos fundos de nossa vida — ou sair e correr para longe. O medo ocupa um lugar inevitável em nossa jornada, mas tende a determinar a estrada que segue adiante.

Sim, aquele fim de semana em Denver começou com notícias chocantes e horríveis. Entretanto, com o desenrolar dos eventos realizados nos dias que se seguiram, Deus irrompeu, como um súbito raio de sol atravessando as nuvens escuras. No dia do memorial de Mary Katherine, ele me mostrou o poder da cruz sobre o medo de uma forma que eu jamais testemunhara. Deus tomou o que para o inimigo significava a destruição daquela família e extraiu alegria verdadeira de algo que começara como terror.

Ao refletir, não sei quais eram as minhas expectativas em relação àquele memorial, mas eu não poderia ter previsto a evidente mudança de atmosfera produzida pelo Espírito de Deus no auditório daquela universidade. Deus assumiu aquele tributo a sua bela filha e pintou um quadro de pura alegria de uma vida redimida em uma tela do que, aos olhos humanos, parecia apenas mais uma tragédia sem sentido.

Naquela manhã, cheguei cedo ao local do evento. Queria assistir e orar, enquanto os agentes penitenciários começavam a entrar. Katie contara que sua mãe já tinha trabalhado como chefe de um restaurante fabuloso em um dos principais resorts de esqui do Colorado, mas decidiu mudar para esse emprego de Jó, na prisão, para poder trazer a luz e a vida de Cristo a um lugar tão sombrio e sem esperança como aquele. E agora ela se foi. Do fundo do meu ser, sei que o inimigo se regozijou com aquela violência sem sentido por ele atiçada, em um dado momento. Bastou um relâmpago e ela foi derrubada.

Orei com todas as minhas forças: "Deus, conceda a redenção a esta terra sangrenta."

Fez-se um silêncio profundo, enquanto as filas de agentes, uma após a outra, lotavam o auditório. Os agentes, em seus uniformes, me permitiam dizer o local onde serviam. Eram homens e mulheres de cada estado norte-americano, de Nova York a Los Angeles. Os últimos agentes a ocuparem seus assentos eram da prisão onde Mary Katherine servia. Em seguida, a família dela entrou escoltada no auditório. A atmosfera estava pesada, como se nuvens carregadas tivessem entrado pela porta dos fundos e pairassem ameaçadoras sobre as cabeças de todos os presentes.

O memorial estava para começar, quando Katie foi até onde eu estava sentada e disse: "Antes de cantar, você pode dizer algumas palavras sobre o que era importante para minha mãe?"

Ao caminhar até o pódio, olhei para a fotografia de Mary Katherine cercada de flores, com um sorriso tão doce na face. Minha irmã em Cristo terminou sua corrida. Olhei para os rostos naquela multidão sombria e disse-lhes que a Terra tem um sistema de documentação diferente do sistema que há no Paraíso. Naquela segunda-feira, quando o corpo de Mary Katherine parou de respirar, nossos registros teriam indicado que a vida dela acabou. No Paraíso, porém, naquele glorioso dia de volta para casa, os registros relatariam "Bem-vinda à casa. Bom trabalho, serva boa e fervorosa!"

Fiz uma pausa e, então, o músico começou a tocar a música que me pediram para cantar. A meio caminho, porém, algo aconteceu. Quando ia dizer as palavras *"You raise me up so I can stand on mountains"* [Tu me elevas e assim posso estar nas montanhas], Katie se levantou e ergueu as mãos em oração. Então, o marido de Mary Katherine, Tim, também se levantou e ergueu as mãos, com lágrimas rolando pelo rosto. Logo, em todo o auditório, homens e mulheres em seus uniformes se levantaram. Não sei por que algumas pessoas se levantam. Tenho certeza de que alguns ficam de pé por respeito, mas outros também erguem as mãos orando àquele que detém as chaves da morte e do inferno, àquele que nenhuma grade de prisão pode prender e nenhum túmulo encerrar.

A escolha de Katie e Tim por ficarem de pé, sabendo que Mary Katherine estava livre em casa, foi de tirar o fôlego. Deus escancarou as portas e as nuvens carregadas de uma verdade momentânea foram banidas por uma verdade eterna. Mary Katherine venceu! Ela estava livre para ir para casa.

Nitidamente, na maior parte da vida, vivenciamos momentos menos dramáticos. Contudo, não importa a intensidade do medo que todos nós enfrentamos de tempos em tempos, permanece a verdade de que isso pode estrangular a alegria. Os sentimentos de medo podem ser imobilizadores. Então, vamos ver o que a Bíblia tem a dizer sobre o medo, suas diferentes formas e suas raízes.

O inimigo não tem a sabedoria de nosso Deus. Por esse motivo, ele sempre exagera. Aquilo com que tenciona nos destruir, Deus usa para nos fortalecer e nos dar uma alegria que é mais profunda e eterna.

O medo na Palavra de Deus

O medo pode entrar por diversas portas. A desobediência a Deus resulta naturalmente em medo. Depois que Adão pecou e Deus lhe pediu uma explicação por seu mau comportamento, aquele homem culpado respondeu: "[...] ouvi teus passos no jardim e fiquei com medo, porque estava nu; por isso me escondi" (Gênesis 3:10).

Do outro lado, um tipo reverente de medo pode indicar uma resposta apropriada ao julgamento sagrado de Deus: "Pela fé, Noé, quando avisado a respeito de coisas que ainda não se viam, movido por santo temor, construiu uma arca para salvar sua família. Por meio da fé ele condenou o mundo e tornou-se herdeiro da justiça que é segundo a fé" (Hebreus 11:7).

Nós devemos sentir um tipo de medo bastante natural e preservador da vida quando algo ameaça o nosso bem-estar ou nossa existência: "Levantando-o, lançaram mão de todos os meios para reforçar o navio com cordas; e temendo que ele encalhasse nos bancos de areia de Sirte, baixaram as velas e deixaram o navio à deriva" (Atos 27:17).

Também sabemos que, quando o Filho do Homem retornou em poder e glória grandiosa, muitos responderam aterrorizados: "Os homens desmaiarão de terror, apreensivos com o que estará sobrevindo ao mundo; e os poderes celestes serão abalados. Então se verá o Filho do Homem vindo numa nuvem com poder e grande glória. Quando começarem a acontecer estas coisas, levantem-se e ergam a cabeça, porque estará próxima a redenção de vocês" (Lucas 21:26-28).

Não só para aqueles de nós que amam Cristo. Jesus, que conquistou a morte, nos salva do medo da morte: "Portanto, visto que os filhos são pessoas de carne e sangue, ele também participou dessa condição humana, para que, por sua morte, derrotasse aquele que tem o poder da morte, isto é, o diabo e libertasse aqueles que durante toda a vida estiveram escravizados pelo medo da morte" (Hebreus 2:14-15).

O medo da morte, ou o medo do processo de morrer, atormenta a humanidade desde a queda do Éden. Satanás o mantém bem à mão, junto ao seu arsenal, e conta com isso como uma de suas armas mais poderosas contra nós. Ao tentar Adão e Eva a desobedecerem a Deus, seu plano era acabar para sempre com a relação que eles tinham com Deus. Mas essa arrogância o cegou para a verdade de que Deus tinha e sempre terá um plano muito maior. É esse "plano muito maior" que eu gostaria que considerássemos de uma forma mais aprofundada.

Está claro que coisas ruins podem acontecer neste mundo. Aqueles de nós que amam Deus não estão imunes à dor da vida. Mas quando o maremoto do medo se aproxima, precisamos lembrar que, por causa do sacrifício de Cristo, nós fomos redimidos. Satanás não pode nos seguir além desta vida. Deus disse: "Até aqui e além." Mesmo quando enfrentamos situações esmagadoras, temos um lugar para depositar o nosso medo. Como escreveu Davi: "Mas eu, quando estiver com medo, confiarei em ti" (Salmos 56:3).

Rastro de sangue

Eu gostaria de saber quando foi que Satanás suspeitou pela primeira vez que havia alguns problemas sérios com seu plano de destruir todos que são amados por Deus.

Uma vez tendo alcançado êxito em levar Adão e Eva a pecarem, ele sabia que quebrara nosso relacionamento perfeito com Deus. Você consegue imaginar o quanto ele deve ter rugido de prazer ao assistir a Adão e Eva sendo expulsos do jardim, vestidos por Deus com peles de animais? Ele não fazia ideia de que esse quadro trágico de perda e banimento era parte do plano de Deus de redimir a todos nós. O sangue de animais derramado no Éden para cobrir Adão e Eva foi apenas o começo, um indicador do sangue que, um dia, seria derramado para cobrir a todos nós.

Tudo que Satanás viu fora morte e derrota. Ele não poderia imaginar que as peles representavam um Cordeiro perfeito que viria nos salvar. Ele não percebeu que Deus já havia começado a nos mandar de volta para casa. Quando Satanás viu sangue, aquilo lhe falava de morte, mas quando Deus derrama sangue, isso significa vida. Fico imaginando se Satanás prestou atenção ao aviso colocado no jardim, naquele dia. Deus disse a ele que, um dia, a semente de uma mulher que estava por vir esmagaria a cabeça dele, ainda que ele arranhasse seu calcanhar. Mas o cheiro de sangue estava no ar, e o trabalho de fortificação de sua maldade havia acabado de começar.

Em seguida, o diabo sussurrou suas mentiras insidiosas para Caim, o filho mais velho de Adão e Eva: "Deus parece estar muito mais satisfeito com as oferendas de seu irmão do que com as suas. Gostaria de saber por que *ele* é o predileto? Isso não o faz odiá-lo?"

Satanás assistiu quando Caim matou seu irmão Abel, e então tentou esconder de Deus o que fizera. Mas Deus disse a Caim: "O que foi que você fez? Escute! Da terra, o sangue do seu irmão está clamando" (Gênesis 4:10).

Para Satanás, aquilo foi outro triunfo. A morte tinha se tornado parte da vida humana.

O rastro do homem derramando sangue de seu próximo, que começou com Caim, segue ao longo de séculos em todo o tipo de traições, conspirações, lutas e assassinatos. Muitos homens e mulheres bons resistiram aos sussurros mortais do diabo — Noé, Abraão, Sara, Ruth, Samuel, Abigail, Ezequias —, mas aqueles que deram ouvidos às mentiras homicidas do inimigo sempre os superam em número.

E então as páginas do Antigo Testamento foram fechadas... Silêncio. Nenhuma palavra foi ouvida de Deus por centenas de anos.

Nós não temos registros bíblicos das condições de vida dos israelitas que povoaram a terra enquanto Deus permaneceu em silêncio, desde o final do Antigo Testamento até o início do Novo Testamento. Não sabemos quais maldades Satanás e suas legiões perpetraram durante esse período. Sua natureza perversa não muda, todavia, então nós podemos cogitar com segurança que ele deve ter feito tudo que pôde para fomentar trevas, engano e desespero. O maremoto do medo deve ter lavado as vidas daqueles que ficaram imaginando que Deus os havia esquecido. Na fé, porém, muitos devem ter permanecido em pé e olhando para o horizonte, pois Deus prometera a vinda de um Messias e Deus não pode mentir.

Então, em uma noite, surgiu uma estrela no céu do Oriente. Um bebê judeu chorou na escuridão. Não havia nada sobre a criança nem sobre seus pais que chamasse muita atenção do diabo, a não ser por alguns pastores inocentes que seguiram para um estábulo e começaram a espalhar algumas histórias sobre aquele bebê. Além disso... era Belém. O profeta Miqueias não dissera que estava por vir alguém que lideraria o rebanho de Deus e que essa pessoa nasceria em Belém (Miqueias 5:2)?

Passaram-se meses, o menino cresceu. Ele e seus pais desocuparam o estábulo e foram viver em uma casa. Naquele tempo, alguns estrangeiros ricos chegaram ao palácio de Herodes, procurando um menino que disseram ter nascido para ser Rei.

Alguma coisa está errada, pensou Satanás, *mas o quê, exatamente?* Ele não poderia ter imaginado que aquele seria quem esmagaria sua cabeça. Então, sussurrou suas mentiras mais venenosas no coração corrupto de Herodes, que ordenou o assassinato de todos os bebês meninos nascidos em Belém com até dois anos de idade. Naquela noite, os soldados derramaram muito sangue, contudo aquele sangue fora derramado em vão para o inimigo. A criança que era o Cristo já tinha partido. Um anjo apareceu em sonhos e alertou José para seguir para o Egito. José, obediente, levou Maria e seu filho em segurança para o sul.

O tempo passou e, um dia, um homem comum emergiu das águas batismais do rio Jordão. Naquele momento, *algo* aconteceu no paraíso — uma voz, a voz de Deus, fez um anúncio que gelou o sombrio coração do querubim caído que, outrora, guiara as orações no paraíso. Satanás teria de vigiar aquele homem.

O diabo brincou com Jesus no deserto, durante quarenta dias. Atirou sobre ele o que tinha de melhor, coisas que há milhares de anos causavam a ruína de grandes homens, mas Jesus não caiu. E ele não se curvou. Em vez disso, usou a Palavra de Deus contra o inimigo. Satanás, enfim, o deixou... por algum tempo.

O diabo vigiava, enquanto via o Homem se tornar popular, demasiadamente popular. As pessoas, esquecidas de como era manter uma relação com Deus, começaram a se voltar para ele, implorando para segui-lo e se comprometendo a andar pelos caminhos dele.

Foi então que Satanás soube que teria de recorrer a sua arma favorita e também a mais confiável. Se aquele homem não se curvava diante dele, então teria de morrer.

O inimigo tentou reunir multidões para matar Jesus — apedrejá-lo, jogá-lo de um penhasco ou dar um fim nele de alguma outra forma —, mas nenhum dos seus esquemas funcionou. Ele não tinha ideia de que a morte sempre fora o plano de Deus. Nos recessos mais sombrios de serventia do próprio diabo, nada poderia ter alertado Satanás contra a verdade chocante de que o Pai teria pedido ao Filho para sacrificar a própria vida. O amor perfeito expulsa o medo, mas quando há apenas ódio perfeito, o pensamento de um amor de sacrifício nem mesmo existe. Então, o inimigo continuou a insistir na morte de Jesus e apareceu com o que deve ter parecido um plano perfeito, o tapa definitivo na face de Deus.

Vamos usar os líderes religiosos, determinou ele. *Que final perfeito, trazê-lo para as mãos daqueles que deveriam representá-lo nesta terra!* A ironia estava carregada de um prazer sádico. Ele usou alguns de seus dardos favoritos naqueles que eram cheios de si — orgulhosos, donos da justiça, invejosos e raivosos —, e funcionou. Eles manipularam o sistema para que Jesus fosse crucificado.

Eu gostaria de saber onde estava Satanás, entre todas aquelas pessoas na multidão, no dia em que Cristo, o Cordeiro de Deus perfeito, foi disperso para que o mundo o visse, com o sangue gotejando pelo chão. Entretanto, não importa o quanto estivesse próximo, o diabo falharia outra vez. Ele falhou em juntar dois com dois. Ele não viu o elo comum — o sangue animal no jardim, o sangue de cordeiro nos umbrais, o sangue do Cordeiro de Deus no Calvário. Seu orgulho e sua arrogância incharam seus olhos e os fecharam.

Para Satanás, esse momento sombrio justificou tudo. Sua rebelião fora bem-sucedida, terminando onde começara:

Sou o maior!

Sou o mais sábio!

Venci!

Enquanto assistia à morte do Cristo, uma afirmação apenas deve tê-lo convencido de sua vitória. Ele ouviu com aversão quando Jesus pediu ao Pai para perdoar. Ele desprezava a troca entre Cristo, sua mãe e João, mas então ouviu isto: "Meu Deus! Meu Deus! Por que me abandonaste?" (Mateus 27:46). Foi quando acreditou ter alcançado o impossível, que era magnífico como sempre declarara que o era, e por isso Deus o havia banido.

Cristo deu seu último suspiro e todos, exceto algumas mulheres tolas, se dispersaram aos quatro ventos. Anoiteceu e amanheceu, anoiteceu e amanheceu novamente, e tudo permanecia quieto. Antes que o alvorecer começasse a colorir o céu da segunda manhã, talvez ele estivesse lá e tenha observado aquelas mulheres voltarem para ungir o corpo surrado de Jesus com mirra e outras especiarias. *Tão pouco, tão tarde*, deve ter pensado Satanás. Mirra, um dos três presentes dados a Maria. Se o olíbano representava a presença de Deus entre seu povo, a mirra os deveria ter alertado: ele não sobreviverá a isso.

Mas Maria então encontrou a tumba vazia.

Não! Não pode ser!

Mas era. Lá estava Jesus, de pé, bem vivo. Ele voltara dos mortos!

Quando você pensa que Satanás percebeu que aquilo que ele orquestrara tinha, na verdade, concluído o plano de Deus? Nós sabemos apenas que ele não suspeitava que o maior erro que já cometera foi ter crucificado Jesus. Como sabemos disso? Veja em 1Coríntios 2:7-8:

> Ao contrário, falamos da sabedoria de Deus, do mistério que estava oculto, o qual Deus preordenou, antes do princípio das eras, para a nossa glória. Nenhum dos poderosos desta era o entendeu, pois, se o tivessem entendido, não teriam crucificado o Senhor da glória.

Vê o puro e indissoluto triunfo do plano de Deus desde o início, mesmo antes da queda de Adão e Eva? Deus sabia que o inimigo faria de tudo para destruir todos nós... Mas Deus tinha um plano. Antes dos tempos começarem, o Senhor determinou que Jesus viria e morreria por você e por mim, que ele ascenderia novamente e que Satanás, com todas as suas legiões demoníacas, seria arruinado em uma derrota definitiva. Se Satanás soubesse que a crucificação de Jesus sempre fizera parte dos planos de Deus, ele teria feito de tudo para detê-la. Em vez de sussurrar o nome de Barrabás na mente da multidão ávida de sangue reunida diante de Pilatos, ele teria sussurrado o nome de Jesus.

Satanás é um inimigo derrotado e as areias do tempo estão correndo para ele — e ele sabe disso. O que lhe restou? Apenas suas mentiras, seu ódio e um número contado de dias que só Deus conhece.

Derrotado não significa "destruído", todavia, e seus ataques ainda são efetivamente certeiros. *Derrotado* significa para nós que os dias dele estão contados, mas enquanto ele ainda tiver um dia, nós não estaremos imunizados contra seus ataques. E Deus já nos deu instruções claras em sua Palavra sobre como devemos viver nestes dias.

Aguentar firme

Com muita frequência, esquecemos as diversas advertências de Paulo para vigiarmos o nosso inimigo, a fim de permanecermos alertas contra seus ataques. Em cada um dos dias de nossa vida, Satanás ronda pela terra, movido pelo desejo único de derrubar os filhos de Deus. Nossos olhos não conseguem ver a intensidade espantosa da batalha furiosa travada ao nosso redor. Por isso, Paulo nos incentiva a sermos fortes, lembrando-nos de que Deus não nos deixou indefesos:

> Finalmente, fortaleçam-se no Senhor e no seu forte poder. Vistam toda a armadura de Deus, para poderem ficar firmes contra as ciladas do diabo, pois a nossa luta não é contra

> seres humanos, mas contra os poderes e autoridades, contra os dominadores deste mundo de trevas, contra as forças espirituais do mal nas regiões celestiais (Efésios 6:10-12).

Este capítulo prometeu uma mudança do medo para a alegria, e talvez você ainda não tenha entendido como isso é possível. "Se o nosso inimigo ainda tem poder, ainda que seja limitado e contido por Deus", você pode perguntar, "então como conhecer a alegria agora? Será, talvez, que a alegria pertence às gerações futuras, que estarão livres da presença do diabo?" O que Paulo nos diz nessa passagem é que deveríamos temer se tivéssemos sido abandonados indefesos, mas isso não aconteceu conosco. Paulo escreveu: "Por isso, vistam toda a armadura de Deus, para que possam resistir no dia mau e permanecer inabaláveis, depois de terem feito tudo. Assim, mantenham-se firmes." Essa é a promessa — vocês continuarão aguentando firme! (Leia Efésios 6:13-17 para conhecer a lista completa de armaduras.)

Sim, o inimigo irá se enfurecer e trovejar sobre nossas vidas, mas os relâmpagos de Deus na cruz lançaram um sopro fatal sobre o medo e a morte.

Pouco antes de ser preso, Jesus disse aos seus sofridos seguidores: "Assim acontece com vocês: agora é hora de tristeza para vocês, mas eu os verei outra vez, e vocês se alegrarão, e *ninguém tirará essa alegria de vocês*" (João 16:22, grifo nosso). Aqui, Cristo fala da alegria da ressurreição. A ressurreição de Jesus mudou tudo para os discípulos, para Mary Katherine, para você e para mim. Sim, perderemos algumas batalhas nesta terra, mas como Cristo não é um líder morto, e sim um Salvador que ascendeu aos céus, temos uma alegria que ninguém pode roubar. Nossa felicidade é influenciada pelas circunstâncias, mas nossa alegria está segura em Jesus.

Não somente a ressurreição de Jesus dá aos seus seguidores a capacidade de viver com alegria no *presente*. Jesus também orou para que todos pudessem vivenciar o *mesmo* tipo de alegria que ele próprio vivenciou. Incrível! Veja as orações dele no Cenáculo: "Agora vou para ti, mas digo estas coisas enquanto ainda estou no mundo, para que eles tenham a plenitude da minha alegria" (João 17:13).

E como podemos ter "a medida completa" da alegria de Cristo conosco? Primeiro, temos de entender que a alegria é bem maior do que a felicidade. A felicidade pode vir e ir em um instante, mas a alegria que Cristo vivenciou e prometeu para nós é uma convicção de raízes mais profundas que nós vencemos no fim, mesmo que tenhamos de sofrer na terra.

Sim, nós enfrentaremos algumas tempestades ferozes que podem afastar a felicidade por uma estação inteira, mas não podem nos roubar a alegria declarada pela Cruz: Ele ascendeu aos céus! Certamente, nós às vezes sentiremos medo. Mas quando sinto que uma nuvem de trovões está começando a se formar sobre mim, lembro-me das palavras que Cristo disse para Maria na manhã do dia da ressurreição: "Quem você está procurando?" Pode parecer uma pergunta óbvia, mas na realidade era uma pergunta que tinha o poder de mudar vidas.

Quando você teme por seus filhos, a quem procura?

Quando teme o que possa vir a acontecer à economia do nosso país, por quem está procurando?

Quando recebe um diagnóstico de uma doença que não percebeu que estava se desenvolvendo, a quem você procura?

A presença do Cristo elevado muda tudo. Podemos perder algumas batalhas ao longo do caminho, mas venceremos a guerra, meninas! Qualquer coisa que o inimigo possa lançar em nossas faces tem um prazo de validade *muito* curto. Já está quase expirando no momento em que é "vendido".

Você consegue entender essa verdade gloriosa?

Na Terra, haverá muitos momentos que partirão nosso coração. Teremos de usar muitos rótulos nesta vida, que jamais teríamos escolhido por nós mesmas. Mas nunca esqueça que *nenhum* deles é eterno. O que nos acontece ao longo de toda a nossa vida dura apenas "uma temporada" na escala de tempo gloriosa e eterna que Deus estabeleceu para nós. Essa é uma segunda chave para vivenciar alegria neste planeta.

Você pode estar com câncer durante uma temporada, mas não terá câncer eternamente.

Você pode ter perdido um filho por uma temporada, mas não o perderá para sempre.

Katie pode ter perdido sua mãe durante uma temporada, mas não perdeu sua mãe para sempre.

Martinho Lutero captou essa verdade nobre de uma forma profunda em seu grande hino "A Mighty Fortress" [Castelo forte]:

> E embora este mundo, cheio de demônios,
> deva nos ameaçar para nos destruir,
> nós não temeremos, pois Deus quis
> que sua verdade triunfasse através de nós:
> o cruel príncipe das trevas,
> nós não tremeremos por ele;
> podemos resistir a sua fúria,
> pois eis que a ruína dele é certa,
> uma pequena palavra deverá derrubá-lo.
> Essa palavra acima de todos os poderes terrestres,
> sem lhes agradecer, permanece.
> O Espírito e as graças são nossos
> através dele, que está ao nosso lado:
> Deixe os bens e a família irem,

assim como essa vida mortal.
O corpo pode ser morto por eles:
A verdade de Deus permanece intacta,
e seu reino é eterno.

O Reino de Deus e sua alegria são eternos. "o choro pode persistir uma noite", escreveu o salmista, "mas de manhã irrompe a alegria" (Salmos 30:5). E a manhã do Reino definitivo de Deus não tem fim.

Você me eleva

Alguns meses após o memorial de Mary Katherine, eu estava pregando em uma igreja de Colorado Springs e convidei Katie para passar o dia como minha convidada. Eu queria saber como ela estava, depois que toda a pressão se dissipara e a vida dos outros voltara ao normal. Ela evidentemente ainda sofria pelo assassinato brutal da mãe, mas o que vi nos olhos de Katie naquele dia era uma alegria confiante por saber que aquilo que Satanás pretendia para causar destruição continuou sendo usado por Deus para o bem. "Minha mãe queria que sua vida fizesse diferença. Ela apenas não sabia que seria tão grandiosa assim! As pessoas ainda falam no memorial dela."

Enquanto escrevo, tenho em minha frente a ordem de serviço simples daquele dia: segunda-feira, 1º de outubro de 2012. A última frase escrita nela foi extraída do Salmo 23. Uma linha, em particular, diz: "Mesmo quando eu andar por um vale de trevas e morte, não temerei perigo algum, pois tu estás comigo."

Jesus não lhe prometeu uma vida perpetuamente feliz, mas ele prometeu uma alegria tão profunda quanto a alegria dele... E isso é bom demais.

Embora você sofra perdas nesta vida, essas perdas são *temporárias*. Nós ainda não estamos em casa, querida amiga, mas um dia, em breve, estaremos! Então, guarde bem este versículo na memória, dentro de alguma fenda no seu coração, onde as asas da circunstância jamais possam soprá-lo para longe.

> "Deixo a paz a vocês; a minha paz dou a vocês. Não a dou como o mundo a dá. Não se perturbe o seu coração, nem tenham medo" (João 14:27).

ATRAVESSANDO SUA TEMPESTADE

Haverá momentos na vida em que você será chamado a caminhar por vales muito sombrios. Você haverá de enfrentar situações em que o medo ameaçará paralisá-la. Nesses momentos, você precisará fazer quatro coisas:

1. Encontrar um lugar onde possa estar a sós com Jesus.
2. Ouvi-lo falar as palavras que ele disse aos seus amigos mais próximos, pouco antes de ser preso: "Deixo a paz a vocês; a minha paz dou a vocês. Não a dou como o mundo a dá. Não se perturbe o seu coração, nem tenham medo" (João 14:27).
3. Quando a tempestade interior parecer estar prestes a consumi-la, lembre que aquele que acalma tempestades está bem vivo e bem junto de você.
4. Quando o céu escurecer e você tiver de se esforçar muito para ver alguma coisa, ouça Jesus perguntar: "Quem você está procurando?" Responda com alegria, "Por ti, Senhor. Procuro o Senhor!"

Senhor Jesus Cristo,
Jamais saberei tudo que tu enfrentaste naquela cruz brutal. Mas te agradeço por tomar o meu lugar para que eu pudesse ser livre. Agradeço-te por, sozinho, segurar as chaves da morte e do inferno. Ensine-me a te encontrar quando as sombras do medo encobrirem meu coração, para que tua alegria seja a minha força.

Amém.

CAPÍTULO 7

INCLINADA À BELEZA

DA INSEGURANÇA À CONFIANÇA

Odeio a ideia de que sou exatamente do tipo matryoshka: grande por fora, chacoalhando em todas aquelas camadas, um pequeno e bruto pino com um rosto — eis a verdade sobre mim.

— WENDY MCCLURE, *I'M NOT THE NEW ME*
[EU NÃO SOU O NOVO EU]

Assim, aquele que julga estar firme, cuide-se para que não caia! Não sobreveio a vocês tentação que não fosse comum aos homens. E Deus é fiel; ele não permitirá que vocês sejam tentados além do que podem suportar. Mas, quando forem tentados, ele mesmo lhes providenciará um escape, para que o possam suportar.

— 1CORÍNTIOS 10:12-13

Os entrevistadores costumam me fazer duas perguntas que eu luto para responder:

> "Conte-nos algo engraçado que tenha acontecido com você no palco."
> "Conte-nos algo sobre você que não sabemos."

Para começar, bem... Defina *engraçado*. O que pode parecer engraçado para alguém pode ofender ou aborrecer o outro. Durante a entrevista ao vivo transmitida pelo rádio, alguém fez a primeira pergunta e já surgiu um branco total na minha mente. O entrevistador aparentemente não tinha nenhuma intenção de me salvar e apenas esperou que eu procurasse na memória algum momento hilário que eu tivesse vivenciado ao longo da carreira. Ninguém gosta quando uma transmissão de rádio fica "fora do ar", então eu cavei freneticamente nos arquivos da minha mente, como um cão desesperado com um osso na boca. Aleatoriamente, agarrei alguma coisa e segui correndo com aquilo.

"Houve uma ocasião", relatei, "em que um pássaro ficou preso em um ventilador que estava bem em cima de mim, pendurado sobre o palco, e pedaços de asas, patas e penas voaram por toda parte, caindo na minha cabeça. Aquilo foi bastante... engraçado."

Não foi o que pareceu. Finalizar aquela transmissão poderia ser ainda pior. A segunda pergunta mais difícil me foi feita mais recentemente. "Sheila, conte-nos algo sobre você que o público desconheça."

Como aquela entrevista estava sendo transmitida pela televisão, eu pelo menos poderia ocupar o silêncio fingindo estar refletindo cuidadosamente sobre a pergunta. Na verdade, vários pensamentos colidiam dentro da minha cabeça:

Queria saber se tem um Starbucks perto daqui.

Queria saber se a história da ave presa no ventilador poderia funcionar melhor na televisão.

Entretanto, algo mais saiu da minha boca: "Eu falo sozinha. Eu falo muito comigo mesma." Não tenho certeza se aquele era o tipo de revelação a que o entrevistador se referia, mas ao menos tinha o mérito de ser verídica.

Eu *realmente* converso bastante comigo mesma, e não apenas em pensamento. Eu falo alto. É um dos motivos por que gosto de ter animais de estimação, pois quando caminho pela rua com meus cães, aqueles que olham pensam que estou falando com eles, mas na verdade estou falando comigo mesma. Demorou algum tempo para meu marido se acostumar com esse meu traço pessoal estranho. Ele tentava participar dessas conversas particulares e, no fim, nós dois ficávamos confusos. Sou eu, comigo mesma, e não gosto de ser interrompida.

Agora, deixe-me esclarecer (antes que você pense que estou sob efeito de medicação): não faço isso o tempo todo. Faço isso quando estou tentando processar alguma coisa. Isso me ajuda a pensar com mais clareza. Quando tenho um dia muito cansativo, caminho até a cozinha dizendo: "Ok, primeiro leve os cães para fora, então vá até o correio e depois ao mercado. Não, não faça isso. Deixe a ida ao mercado por último, se não o sorvete irá derreter." Entenda se puder.

Você talvez não fale alto consigo mesma, mas todas nós mantemos conversas em nossas mentes. Você pode estar almoçando com uma amiga que não vê há tempos e, enquanto a luz do sol reflete o brilho de seu cabelo recém-tingido, é bem possível que haja uma pequena conversação interior em andamento. Talvez, seja necessário que essa conversa interior se estenda um pouco, até que você consiga se levantar durante uma reunião de trabalho e entregar seu relatório. Uma parte da sua conversa interior pode ser bastante agradável, enquanto você permanece em frente a um espelho e se admira em uma roupa nova. (Isso, claro, não se aplica aos trajes de banho.)

Mas, sei também que uma parte de nossos monólogos interiores é bastante desagradável.

Por que você comeu aquilo? Você está tão gorda!
Você não pode vestir essa roupa... Fica horrível em você!
Por que você disse aquilo?
Não pertenço a este lugar.
Ela não gosta de mim.
Por que meu marido está olhando para ela?

Uma corrente incessante de *feedback* negativo inunda nossas mentes e nossos corações. Pense na última vez em que você se olhou em um daqueles espelhos que ampliam a imagem. Quais pensamentos lhe vieram imediatamente à cabeça? Você os classificaria como amplamente positivos ou quase sempre negativos?

Nós aparentemente temos um desejo inato de nos colocar para baixo. Você já percebeu que nós temos a tendência de responder até mesmo aos elogios?

"Amo seu vestido!"
Quê? Este vestido velho?
"Você fez alguma coisa no cabelo? Está lindo."
Preciso cobrir os grisalhos!
"Seu filho é um menino tão doce!"
Você deveria vê-lo em casa!

Esse padrão de desvio de elogios pode se tornar tão enraizado que nós nem mesmo o reconhecemos. Nós trabalhamos há anos com a mesma equipe de produção de eventos. Certa noite de sexta-feira, depois que a minha palestra acabou, voltei com o ônibus da equipe para o hotel, acompanhada de alguns cinegrafistas e da nossa equipe de orações. Quando uma das meninas passou por mim para encontrar um assento, ela comentou o quanto havia apreciado minha mensagem. Eu agradeci e também fiz um comentário "bobo".

O cinegrafista que estava sentado atrás de mim perguntou imediatamente: "Por que você sempre faz isso?"

"Faço o quê?", perguntei.

"Toda vez que uma mulher lhe diz que você é um instrumento de Deus ou que foi tocada por sua mensagem, você encontra uma forma de deixar o elogio de lado", disse ele.

O comentário dele me atingiu em cheio. Havia alguma verdade por trás da minha atitude. E eu percebi que sempre achei muito difícil aceitar palavras afirmadoras. Uma parte dessa dificuldade tinha origem no fato de eu ter sido criada na Escócia, cuja cultura vê o encorajamento e a afirmação como uma forma leve de veneno. *Isso passa pela cabeça dela!*

Entretanto, boa parcela desse comportamento posso atribuir a uma convicção já estabelecida quando eu completei seis anos de idade. Eu me considerava totalmente *errada*. Sempre que alguém era amável ou afirmativo comigo, eu desviava o comentário. Segundo a minha lógica, essa pessoa não me conhecia suficientemente bem para saber a verdade. Que me elogiava não conhecia meu *eu verdadeiro*.

Feridas antigas reabertas

Como podemos ser duras com nós mesmas! Alguns punhais verbais que perfuram nossos corações vêm de feridas muito antigas. Quando não são tratadas, essas feridas continuam a nos machucar, uma vez que podem ser facilmente reabertas pelos outros.

Recentemente, durante um voo de volta para casa após uma palestra, eu quase me descontrolei emocionalmente com uma mãe que estava sentada do outro lado do corredor. Seu filho deveria ter uns cinco anos. Ela chamou o menino de "burro" cinco vezes. Aquilo doeu em mim. A certa altura, coloquei minha mão sobre o braço dela e perguntei se havia alguma coisa que eu pudesse fazer para ajudá-la. Ela, porém, voltou sua fúria na minha direção. Com um olhar frio como metal, ela me calou.

Meu coração doía por aquele garotinho e, honestamente, também pela mulher. O que teria acontecido a ela? A tempestade que se enfurecia dentro dela era mortal. Eu somente podia imaginar o dano que ela já infligira naquele pequeno coração. Estava ela apenas explodindo com o menino com a mesma raiva que a ferira quando ainda era criança? Como aquele menino estaria se sentindo por dentro — desprezível, não amado, profundamente envergonhado? Orei por ele. Fiquei com o que se pareceria seu futuro, à parte da graça e misericórdia de Deus (e de uma boa orientação).

As palavras produzem cortes profundos e nenhuma fere mais profundamente do que aquela dita pelos pais. Tenho conversado com homens feitos, abençoados com carreiras bem-sucedidas, que continuam ouvindo frases que ecoam em suas mentes, há décadas: *Você é tão burro! Você é tão desajeitado. Você nunca vai ser nada na vida.*

Uma amiga alcançou grande sucesso como conferencista e professora. Ela é amada por todos os seus alunos. De fato, é preciso chegar cedo para garantir uma vaga em suas aulas. Todos a consideram uma mulher forte, de classe e elegante. Ao longo de sua vida, porém, ela carrega o peso terrível das palavras que ouvira do pai quando ainda era criança: "Você não é bonita, mas é talentosa." Como aquilo faz uma mulher se sentir? Em uma cultura que atribui tanto valor à imagem, aquilo significou à minha amiga algo como, "é melhor você ser boa, porque isso é tudo que você tem a oferecer."

A vida inteira tenho lutado com questões relacionadas à autoimagem. Tive meu primeiro namorado de verdade aos 16 anos. Fiquei animada por alguém tão popular como ele ter escolhido alguém como eu. Mas a ideia que ele tinha sobre o que era ter uma namorada revelou-se muito diferente da minha. Na festa de aniversário de um dos nossos colegas de classe, ele tentou desabotoar a minha blusa. Eu o afastei, horrorizada — e ele me largou naquela noite, como se eu fosse lixo. No dia seguinte, espalharam por toda a escola que, nas palavras dele, eu "era uma freirinha frígida". Senti-me humilhada. Parecia que, onde quer que eu fosse as pessoas estavam falando de mim.

Há muito tempo, a Escócia deixou de ser uma nação temente a Deus. De fato, menos de 2% de nossa população ainda frequenta a igreja. Até mesmo antes disso, eu era a única da escola secundária que assumia publicamente a minha relação com Cristo. Eu sabia que muitas das minhas colegas de classe consideravam engraçado o fato de eu amar Jesus, mas o incidente ocorrido na festa foi o voto decisivo para a minha ida ao *paredão*. Eu não tinha nascido apenas para sobreviver. Eu era diferente, e ser diferente não era bom.

Não fiquei tão aborrecida com aquele fora só porque eu me recusei a atender as necessidades hormonais enfurecidas dele. Como seguidora de Cristo, meu comportamento era importante para mim. A ferida se abriu por causa do olhar nos olhos dele e nos olhos de tantos outros. Todos eles me enviavam a seguinte mensagem silenciosa: *Você não faz parte disso e nunca fará.*

Onde está a sua insegurança?

Passe algum tempo refletindo sobre sua vida. Você já passou por momentos como esses que acabei de descrever?

A infância oferece inúmeras oportunidades para nos ferirmos profundamente. Podemos gastar boa parte da nossa vida escolar fugindo de uma série de minas emocionais que ameaçam detonar e nos devastar. Na Escócia, nós brincávamos de *Red Rover*. O jogo começava com os dois líderes dos times chamando os nomes daqueles que desejavam ter em suas equipes.

"*Red rover, red rover*, queremos que Sally entre no time!"

Esse processo continuava até todos terem sido escolhidos. Porém, aquele que ficava por último não era escolhido e nem mesmo imposto ao time — aquele que sobrava era o resto, o indesejado.

Raspa do tacho
Indesejado
Não amado
Não escolhido

Alguns momentos da infância deixam em nós apenas uma cicatriz, mas outros podem mesmo nos mutilar.

O National Center for Victims of Crime, a principal organização de recursos e defesa de vítimas de crimes dos Estados Unidos, revela estatísticas bastante perturbadoras.

- Uma em cada cinco meninas e um em cada vinte meninos são vítimas de abuso sexual na infância.
- Vinte e oito por cento dos jovens norte-americanos na faixa de 14 a 17 anos são vítimas de abuso sexual.
- As crianças com cerca de sete a 13 anos são mais vulneráveis ao abuso sexual. Talvez, a realidade mais trágica de todas, três em cada quatro crianças que sofreram abuso foram vítimas de alguém que conheciam e em quem confiavam.
- As crianças que sofrem abuso sexual são 13 vezes mais propensas a sofrerem estupro ou tentativa de estupro durante o primeiro ano da faculdade.
- As crianças vítimas de abuso sexual prolongado quase sempre desenvolvem sentimentos de falta de valor. Muitas se tornam suicidas.[1]

É de admirar que nossa nação tenha problemas? Vivemos na beira de um vulcão e podemos sentir seu estrondo logo abaixo da superfície. Certa vez, escrevi em meu diário sobre esta imagem perturbadora:

> Na beirada de um vulcão
> Vivo há muitos anos
> Agora, parece que o estrondo distante está mais alto em meus ouvidos
> Tentei fugir dos fragmentos do meu passado
> Mas seus estilhaços me feriram como cacos de vidro

> Tentei empurrar os pensamentos perturbadores para fora do alcance humano
> Tentei queimar minhas pontes, mas queimei apenas a minha mão
> Empurrar coisas para debaixo do tapete, na esperança de que fossem embora
> Mas sei que, qualquer dia, perderei meu equilíbrio[2]

Não importa o quão "unidas" pareçamos nem o quão ricos e famosos nos tornemos, o "estrondo distante" chega a cada uma de nós.

As vozes mais altas às vezes disfarçam os espíritos mais destroçados.

Os indivíduos mais raivosos às vezes são os mais amedrontados.

Aqueles que são quietos demais por vezes têm muito a dizer, mas permanecem em silêncio porque ainda escutam as vozes de seus pais e professores gritando para que se calem.

Eu gostaria que fosse diferente na igreja. Só que, muito frequentemente, não é.

Em janeiro de 2013, a escritora e professora Lysa TerKeurst e eu apresentamos um *webcast* ao vivo intitulado *"Silencing Your Negative Inside Chatter"* [Silenciando seu diálogo interior negativo]. Eu não tinha muita certeza sobre o que era um "webcast", então Lysa pacientemente explicou que nós nos sentaríamos no palco de uma igreja na Carolina do Norte, que era a sede do ministério dela. Nós pregaríamos em frente de uma câmera e as mulheres de todo o país poderiam se inscrever pela internet e nos assistir em transmissão ao vivo. Pelo Facebook e pelo Twitter, elas também poderiam fazer perguntas para nós respondermos enquanto estivéssemos no ar. E isso tudo de graça, apenas tendo de se inscrever antes do horário da transmissão para terem acesso. Essa inscrição também nos daria uma noção de quantas pessoas iriam nos assistir. Eu não fazia a menor ideia do que esperar, mas nem Lysa nem eu prevemos as mais de cinquenta mil inscritas que assistiram ao *webcast* naquela noite e também à retransmissão feita no dia seguinte. Era evidente que o título tinha algo de familiar.

As mulheres em geral consideram o "diálogo interior negativo" uma questão monstruosa, do mesmo modo que as mulheres cristãs. Apesar de nós, cristãs, darmos vozes as nossas crenças no amor impetuoso de Deus, internamente, nós nos rasgamos em pedaços. Com muita frequência, nós permitimos que a autolamentação abafe a verdade daquilo em que acreditamos.

Quando estamos inseguras em relação à verdade, culpamos toda sorte de coisas pelo modo como nos sentimos por dentro. Ou, pelo menos, atribuímos a responsabilidade a essas coisas. Dentre todas as questões contra as quais lutamos, por que você acha que esta — a insegurança — parece tão primitiva e tão difícil de erradicar? Talvez porque nossa segurança tenha sido a primeira coisa a cair no jardim.

Digna de confiança

Embora nós provavelmente falemos mais sobre a vergonha do que sobre a insegurança, a insegurança abriu a porta para a vergonha. Adão e Eva foram os primeiros a terem de lidar com essa convidada indesejável. Eles esconderam-se por terem se sentido inseguros e desprotegidos.

> Quando a mulher viu que a árvore parecia agradável ao paladar, era atraente aos olhos e, além disso, desejável para dela se obter discernimento, tomou do seu fruto, comeu-o e o deu a seu marido, que comeu também. Os olhos

> dos dois se abriram, e perceberam que estavam nus; então juntaram folhas de figueira para cobrir-se (Gênesis 3:6-7).

O inimigo viu tudo isso. Ele os viu passar da condição de dignos de confiança no amor e na amizade de Deus para seres com a alma ferida, que os fez se esconder. Sua arma funcionou muito bem naquele momento e continua funcionando nos dias de hoje.

Então, o que temos a fazer em relação a isso?

Somente uma coisa pode nos ajudar. Devemos substituir as mentiras em que acreditamos pela verdade de quem Deus diz que somos.

Paulo atinge o cerne da questão da insegurança no quinto capítulo das cartas aos romanos:

> De fato, no devido tempo, quando ainda éramos fracos, Cristo morreu pelos ímpios. Dificilmente haverá alguém que morra por um justo, embora pelo homem bom talvez alguém tenha coragem de morrer. Mas Deus demonstra seu amor por nós: Cristo morreu em nosso favor quando ainda éramos pecadores. Como agora fomos justificados por seu sangue, muito mais ainda, por meio dele, seremos salvos da ira de Deus! Se quando éramos inimigos de Deus fomos reconciliados com ele mediante a morte de seu Filho, quanto mais agora, tendo sido reconciliados, seremos salvos por sua vida! Não apenas isso, mas também nos gloriamos em Deus, por meio de nosso Senhor Jesus Cristo, mediante de quem recebemos agora a reconciliação (vv. 6-11).

Eu amo tudo nessa passagem! Amo o fato de ela reconhecer a verdade sobre quem somos sem Cristo — pecadoras sem esperança.

Antes de podermos abraçar a boa nova do amor de Deus, temos de lidar com a verdade de quem somos sem ele. Entretanto, como nossa cultura considera tal verdade impopular, nós muito frequentemente a minimizamos na igreja. Embora eu possa desejar que a igreja estabeleça os padrões daquilo que se torna popular em nossa cultura, o que ocorre em geral é o caminho inverso. E, de modo semelhante, as coisas impopulares em nossa cultura tendem a se tornar impopulares em nossas igrejas.

Um amigo chamou minha atenção para um artigo de um jornal local. O título era "Bem a tempo para a quaresma: um novo sentido de pecado". O artigo relatava como John Frohnmayer, antigo diretor do National Endowment for the Humanities [Fundo Nacional para as Ciências Humanas], sugeriu substituir os antigos "sete pecados capitais" por uma moderna lista que, segundo ele, é bem mais adequada a nossa cultura. A lista antiga, sem dúvida, nunca transmitiu a autoridade da inspiração divina e veio da pena de um monástico do século IV. Na minha opinião, porém, a lógica de Frohnmayer sobre a "atualização" da lista antiga é tanto fascinante como problemática.

Embora Frohnmayer admita que o sentido original da palavra *pecado* seja usado para descrever algo que ofende a Deus, ele argumenta que o "pecado, ou seja qual for o nome que você prefere dar a isso, realmente é hoje bem mais importante quando ofende a sociedade do que se ofender a um poder superior". Assim, para ele, o orgulho é saudável, a inveja é positiva (porque nos inspira a ser melhor) e "sem a luxúria, a raça humana está frita."[3]

A conclusão da lógica dele é, basicamente: "Desculpe, Deus, mas você é *tão* antiquado."

Para ferir a nós mesmos, frequentemente permitimos que as vozes populares da nossa cultura exerçam uma influência indevida sobre nós. Assim, como o amor está "dentro" e o pecado está "fora", nós falamos incessantemente nas igrejas sobre um Deus de amor, mas raramente sequer mencionamos o quanto ele detesta o pecado.

Sim, *detesta*.

A Palavra de Deus não se intimida por causa disso e, inclusive, publica uma lista das sete coisas que Deus mais detesta (Provérbios 6:16-19).

A questão vai bem mais além de uma redefinição do pecado, sem dúvida. Nós permitimos que vozes culturais "populares" nos digam como deve ser a nossa aparência, que tipo de roupas devemos usar, quais carreiras nossos filhos devem escolher, onde devemos morar, e assim por diante.

Deixe-me perguntar: você quer desfrutar de uma confiança tranquila em Deus? Se a resposta for sim, então você deve resistir à ridícula falta de bom-senso que os meios de comunicação de massa nos empurram goela adentro, a mim e a você, todos os dias.

O seu manequim *não* tem de ser 38 para você ser feliz.

Você *não* tem de estar atualizada com a última moda para ter valor.

Nossos filhos *não* têm de tirar nota A em tudo para que você seja uma boa mãe.

Em Romanos 5, Paulo afirma a verdade básica de que, antes mesmo que nós soubéssemos do amor de Deus, Cristo morreu por nós na cruz. Ele não fez isso por que merecíamos, mas porque nos ama.

Nós somos feitos retos com Deus, não por seguirmos uma lista de "12 passos para ser uma mulher divina", e sim por causa do sangue compartilhado de Cristo.

Isso soa incrivelmente simples? Talvez. De algum modo, porém, nós sentimos falta da profundidade da afirmativa e, portanto, entramos em conflito com sua verdade. Pense nisso. Ao acordar de manhã, você pensa: *Oh, estou tão contente por Deus me amar simplesmente porque Jesus morreu por mim! Isso tornará o meu dia muito mais tranquilo!*

Se você é como eu, esse provavelmente não é o seu primeiro pensamento da manhã.

Quando você tem um dia ruim e grita com seus filhos ou chama seu marido de um nome que não consta no Novo Testamento, seu primeiro pensamento é, *Bem, eu estraguei tudo, mas os agradecimentos vão para Deus, cujo amor não se baseia no meu comportamento, e sim no trabalho concluído de Cristo*?

Outra vez, provavelmente não.

A maioria de nós luta com isso. Em cada relacionamento que estabelecemos na terra — desde o relacionamento com nossos pais e irmãos, até o relacionamento com os colegas da escola, colegas da universidade, companheiros de trabalho, maridos e filhos — recebemos informação sobre nosso desempenho bom ou ruim. Cada crítica alimenta a insegurança que já sentimos. Sei disso porque isso acontece também em minha vida. Se falei para duas mil mulheres que receberam minha mensagem de maneira calorosa, mas uma mulher diz que esperava algo um pouco mais profundo, isso é tudo que escuto e a tempestade da insegurança começa.

Você deveria ter passado mais tempo se preparando!
Você simplesmente não é uma boa professora!
Talvez você não deva voltar a fazer isso. Nunca mais.

É ridículo que um único comentário de alguém possa me tirar do um penhasco da confiança profunda e tranquila em Deus e me lançar em um abismo de dúvidas interiores. Um único comentário atípico ou até levemente crítico feito por uma mãe a outra pode fazer a mais confiante das mães acreditar que é um fracasso. Como essa é a dura realidade desta vida aqui na terra, é uma luta receber livremente o amor e a misericórdia de Deus. O fato de Deus não exigir nada em troca, a não ser fé e confiança, é contrário ao nossos corações frágeis. Nosso mundo sobrevive por meio da comparação. É nosso modo de julgar.

Este celular é melhor do que aquele?
Esta saia me favorece mais do que aquela?
Os seus filhos se comportam melhor do que os meus?

O diálogo interno segue continuamente e, quando acreditamos que não vamos alcançar nossos objetivos, as ondas de insegurança crescem sobre nossa cabeça.

Acreditar, porém, é uma escolha. Se você esperar até se "sentir" merecedora do amor de Deus, então morrerá esperando. Nós devemos receber pela fé a verdade de que Cristo nos tornou merecedoras.

O exemplo de Abraão

Abraão *acreditou* em Deus e o Senhor considerou sua fé como sendo retidão. A Bíblia não diz que Deus declarou Abraão honrado por ser um homem que tinha alcançado muitas coisas boas. Veja o que Paulo diz sobre Abraão, o grande pai da nossa fé:

> Se de fato Abraão foi justificado pelas obras, ele tem do que se gloriar, mas não diante de Deus. Que diz a Escritura? "Abraão creu em Deus, e isso lhe foi creditado como justiça" (Romanos 4:2-3).

Um pouco mais adiante nessa mesma passagem, Paulo revela ainda mais a verdade (ele também nos inclui no contexto).

> Mesmo assim, não duvidou nem foi incrédulo em relação à promessa de Deus, mas foi fortalecido em sua fé e deu glória a Deus, estando plenamente convencido de que ele era poderoso para cumprir o que havia prometido. Em consequência, "isso lhe foi creditado como justiça". As palavras "lhe foi creditado" não foram escritas apenas para ele, mas também para nós, a quem Deus creditará justiça, a nós, que cremos naquele que ressuscitou dos mortos, a Jesus, nosso Senhor. Ele foi entregue à morte por nossos pecados e ressuscitado para nossa justificação (Romanos 4:20-25).

Paulo começa exatamente onde a surge brecha, no ponto em que a insegurança começou a correr pelas nossas veias. E nos leva para onde nós somos em Cristo — se nós apenas crermos.

> Consequentemente, assim como uma só transgressão resultou na condenação de todos os homens, assim também um só ato de justiça resultou na justificação que traz vida a todos os homens. Logo, assim como por meio da desobediência de um só homem muitos foram feitos pecadores, assim também, por meio da obediência de um único homem muitos serão feitos justos (Romanos 5:18-19).

Você deve estar pensando, *Sheila, isso mais parece um sermão sobre a justificação pela fé do que um capítulo sobre a insegurança.* Então, eu gostaria de lhe pedir para relembrar a nossa discussão. Pense da seguinte forma: enquanto a insegurança nos diz que *estamos erradas*, a retidão de Cristo nos *torna corretas.*

Isso é um fato bíblico... Ainda que nem sempre o sintamos assim. Abraão confiava totalmente que Deus cumpriria a promessa que fizera, e não o que Abraão tinha prometido. De fato, um dos encontros mais belos já ocorridos entre Deus e Abraão tornou esse fato claro como cristal — e não aconteceu em um momento de grande fé, mas de questionamento profundo.

Abrão (Deus não mudara ainda o nome dele para Abraão) deseja ter um filho, mais do que qualquer coisa. Naqueles dias, um homem sem filho deveria doar todos os seus bens a um servo de confiança (Gênesis 15). Com uma honestidade brutal, Abrão disse a Deus que não entendia o que ele queria dizer ao chamá-lo "abençoado", pois ele não tinha um filho. Deus não repreendeu Abrão por insolência. Em vez disso, ele o fez sair da tenda e permanecer sob a grande abóbada dos céus, voltando sua atenção para o universo. Você consegue imaginar como a vista do céu deveria ser maravilhosa naquela época, sem nenhuma luz elétrica acesa no mundo inteiro?

Deus perguntou a Abrão se ele era capaz de contar as estrelas.

Abrão sabia que não. Ninguém era.

Então Deus lhe disse que a descendência dele seria mais numerosa do que as estrelas. E, embora não tivesse nenhum filho, Abrão acreditou em Deus.

Nós lemos, "Abrão creu no Senhor, e isso lhe foi creditado como justiça" (Gênesis 15:6).

Agora, se a história terminasse aqui, você poderia se sentir tentada a dizer, "bem, isso é para Abrão. Ele realmente tinha um caminhão de fé". Mas nós temos de continuar a leitura dos versículos que se seguem.

> Disse-lhe ainda: "Eu sou o Senhor, que o tirei de Ur, dos caldeus, para dar-lhe esta terra como herança." Perguntou-lhe Abrão: "Ó Soberano Senhor, como posso saber que tomarei posse dela?" (vv. 7-8).

Talvez a sua vida espiritual seja uma das maiores áreas de insegurança. Você questiona o nível de sua fé, comparando-se constantemente àqueles que alcançam as promessas de Deus. Se você é assim, você é como Abrão. Ele acreditava em Deus, mas continuava a se perguntar como seria possível. O motivo que o levava a questionar Deus e o motivo que também nos leva a fazer o mesmo é o fato de nos conhecermos. Sabemos quais são nossas limitações e a fragilidade imperfeita da nossa humanidade. Deus, porém, estava prestes a mostrar a Abrão que o motivo pelo qual ele podia confiar não tinha absolutamente nada a ver com ele próprio.

Deus escolheu esse momento da história para fazer a mais chocante e maravilhosa das coisas. Parecerá um pouco estranho, a princípio, mas insista. São notícias *muito* boas para nós!

> Respondeu-lhe o Senhor: "Traga-me uma novilha, uma cabra e um carneiro, todos com três anos de vida, e também uma rolinha e um pombinho" [...] Ao pôr do sol, Abrão foi tomado de sono profundo, e eis que vieram sobre ele trevas densas e apavorantes. [...] Depois que o sol se pôs e veio a escuridão, eis que um fogareiro esfumaçante, com uma tocha acesa, passou por entre os pedaços

> dos animais. Naquele dia o Senhor fez a seguinte aliança com Abrão: "Aos seus descendentes dei esta terra, desde o ribeiro do Egito até o grande rio, o Eufrates" (Gênesis 15:9-10; 12; 17-18).

Se você é como eu, provavelmente fica impressionada com histórias como essa. Não tenho nenhum desejo de matar uma cabra e cortá-la ao meio! Eu fico nervosa até para quebrar o ossinho da sorte do peru de Natal para ver quem fica com a metade maior.

Em hebraico, a palavra mais comum para "fazer" uma aliança é *karat*, ou para "cortar" uma aliança. Na época de Abrão, existiam vários tipos de alianças, incluindo um pacto que era formalizado quando os envolvidos faziam uma refeição juntos (alianças de "pão" ou "sal"). Contudo, a aliança mais aguardada de todas era o pacto de sangue, formalizado pela transposição de duas metades do corpo partido de animais sacrificados.

Deus fez exatamente esse tipo de aliança com Abrão. O fogareiro esfumaçante e a tocha acesa simbolizavam a presença de Deus. O Senhor, porém, modificou uma parte da cerimônia habitual. Normalmente, ambas as partes transpunham juntas as carcaças do animal. Entretanto, nessa aliança com Abrão, Deus transpunha sozinho os sacrifícios de sangue. O comentarista Davi Baron explica por que:

> Segundo a antiga tradição oriental de fazer alianças, ambas as partes envolvidas transpunham as partes divididas dos animais sacrificados e, desse modo, atestavam simbolicamente que empenharam as vidas para honrar o compromisso que assumiram (veja Jeremias 34:18-19). Por outro lado, em Gênesis 15, Deus, cuja presença era simbolizada pelo fogareiro esfumaçante e pela tocha acesa, transpunha as partes centrais dos animais sacrificados,

> enquanto Abrão permanecia apenas como simples espectador dessa maravilhosa exibição da graça livre de Deus.[4]

Você vê a beleza e a graça da obra aqui? Você enxerga por que nós podemos optar por fazer nossos corações partidos trocarem os sentimentos de insegurança pelos de confiança? Na expressão típica dessa aliança, ambas as partes transpõem o sangue, com efeito, dizendo: "Que eu seja partido ao meio, se quebrar esse compromisso!" Mas como Abrão não tomou parte no estabelecimento da aliança, ele também não poderia fazer nada para anulá-la. O cumprimento do pacto dependia apenas de Deus.

Acontece o mesmo com você e comigo. Nós não damos *nenhuma* contribuição para a nossa salvação. O que Cristo disse na cruz é levado a termo ao vermos o que Deus fez por Abrão. É como Deus nos diria:

> "Não se trata de você, mas de mim."
> "Você falhará comigo, mas eu jamais falharei com você."
> "Você cairá e voltará a se levantar, mas eu sempre estarei em pé, bem aqui, por você."

Tudo que podemos fazer — tudo que Deus nos pede para fazer — é depositar a nossa confiança em Jesus. Deus manterá sua promessa de aliança de nos salvar por causa de Jesus.

O papel decisivo da verdade

Então, como tudo isso nos ajuda com nossa insegurança? Como isso pode nos dar a capacidade de nos movermos para uma situação de confiança absoluta em Deus? Acredito que tudo começa com uma palavra que é, ao mesmo tempo, pequena e poderosa: confiança. Confiar em mim é como elevar o amor. Nós mostramos a Deus o quanto o amamos levando verdadeiramente nossos sentimentos de insegurança a estarem de acordo com quem a Palavra de Deus diz que somos, e também agindo com base nessa verdade, e não naquelas mentiras em que temos acreditado.

Nossa cultura enterra e generaliza o termo *amor*, para que ele se refira a qualquer coisa, desde de sorvete até nossos filhos, mas nem tanto o termo *confiança*. Embora você ainda possa amar alguém que o tenha ferido profundamente, é possível que você não consiga confiar nessa pessoa.

Sem dúvida, nós depositamos diferentes níveis de confiança em várias pessoas e instituições — podemos confiar nosso carro ao mecânico, nosso dinheiro ao banqueiro e nossa saúde ao médico —, mas o significado essencial do termo continua sendo o mesmo. Confiar em alguém significa depositar confiança nessa pessoa no sentido de acreditar que ela honrará algum compromisso expresso.

O maior desafio para trocarmos a nossa insegurança pela confiança em Deus está no fato de ainda vivermos neste planeta. Veja seu endereço. Se não você não mora nos "céus", então significa que você ainda está por aqui. Você continua bem no meio de uma zona de guerra cósmica. E isso significa que as pessoas machucarão você, falharão com você e a derrubarão.

Mas Deus, não!

Deus nunca falha com você. Somente ele é digno da sua total confiança. Apenas nele você pode depositar cem por cento de confiança.

Eu ainda estou aprendendo essa lição. Após quarenta anos de caminhada com Deus, a insegurança ainda levanta sua cabeça diabólica. E foi isso que aconteceu há pouco tempo comigo.

Em 2013, o Women of Faith fez algumas mudanças. Nós chamamos algumas conferencistas novas, mulheres incríveis. Em janeiro daquele ano, nós nos reunimos para fazer um retiro que permitisse que nós nos conhecêssemos melhor, compartilhássemos o que há em nossos corações e orássemos umas pelas outras. A minha agenda estava lotada até o dia do retiro e, quando fiquei de fato cansada, decepcionei meu Deus.

Nós realizamos o retiro em um lugar que ficava a cerca de duas horas de Dallas. Então, decidi ir até lá dirigindo, em vez de pegar ônibus. Parei a meio caminho de lá para abastecer. Então, li uma mensagem do vice-presidente da Creative. Ele fazia uma pedido simples: "Você conduziria a primeira sessão da tarde e apresentaria a todos, para acelerar a apresentação sobre a história do Women of Faith?" Ele não estava pedindo para eu explicar ciência espacial. Ele fez um pedido simples e prático. Mas você sabe o que aconteceu dentro de mim?

Não posso fazer isso!

Não posso ficar parada na frente dessas mulheres incríveis e simplesmente falar!

Já não sinto que faço parte disso!

Passei do prazo de validade!

Eu comecei a morrer por dentro, e o inimigo amou isso. Rapidamente, encontrei um lugar tranquilo na estrada, afastado das pessoas e do trânsito, e tive uma conversa franca com o Pai: "Bem, aqui estou eu mais uma vez, Senhor! Lamento muito, mas estou me sentindo enfraquecida. Apesar de tudo o que o Senhor tem feito em minha vida, continuo me sentido como uma menina agarrando a saia da mãe. Ainda sinto que seria um alívio para todos se eu não aparecesse por lá. Ainda ouço grupinhos de pessoas falando de mim."

Por algum tempo, permaneci lá, sentada, na presença do Pai. Então, coloquei meu CD do Hillsong Australia e esperei tocar a faixa dois: "Beneath the Waters I Will Rise" [Das profundezas das águas eu ascenderei].

> Eu ascenderei como você ascendeu; declara sua regra e reina
> Minha vida confessa sua superioridade e glorifica seu nome
> Sua palavra permanece para sempre; Seu Reino não tem fim
> Seu louvor é eterno e contínuo
> Nenhum poder consegue resistir a você
> Nenhuma maldição ataca o seu trono
> Ninguém pode roubar sua glória, pois é sua e tão somente sua
> Fico para cantar seus louvores
> Fico para testemunhar, pois estava morta em meus pecados
> E agora *ascendi*

Mais frequentemente, para mim, a confiança significa levar conscientemente a minha vontade para junto daquilo que condiz com a vontade de Deus, não importa o que eu sinta. Eu conto com aquilo é verdadeiro, e não com aquilo que *parece* ser verdadeiro.

Será que às vezes estarei enganada? Sim!

Será que algumas pessoas irão me criticar ou me interpretar mal? Sim!

Será que ocasionalmente terei de deixar de lado coisas de que eu gostaria de fazer parte? Sim!

Mesmo assim, eu resisto.

Dependa dele

Alguns versículos do livro de Provérbios resumem muito bem o ápice da minha insegurança.

> Confie no Senhor de todo o seu coração e não se apoie em seu próprio entendimento; reconheça o Senhor em todos os seus caminhos, e ele endireitará as suas veredas. Não seja sábio aos seus próprios olhos; tema o Senhor e evite o mal. Isso lhe dará saúde ao corpo e vigor aos ossos (3:5-8).

Quando a insegurança aponta sua cabeça horrenda (e ela o fará), nós podemos dizer: "Bem, *você* pode não me escolher, *você* pode não me dar valor, *você* pode até mesmo não me querer por perto... mas *Deus* quer!" Lembre-se deste verso e tente guardá-lo na memória: "[...] eu os tenho chamado amigos, porque tudo o que ouvi de meu Pai eu lhes tornei conhecido. Vocês não me escolheram, mas eu os escolhi [...]" (João 15:15-16).

Você tem dificuldade para memorizar os versículos (e, irmã, tenho certeza de que tem)? Caso tenha, deixe-me apenas lembrar a parte final, que são as palavras de Jesus para você:

"Vocês não me escolheram, mas eu os escolhi."

"Vocês não me escolheram, mas eu os escolhi."

"Vocês não me escolheram, mas eu os escolhi."

"Vocês não me escolheram, mas EU OS ESCOLHI."

E como ele a escolheu, a mesma aliança incondicional que levou Abrão para a família eterna de Deus também a levará. Exatamente como Deus transpôs os sacrifícios sozinho, Jesus transpôs sozinho o Calvário. Ele escolheu você e *você é dele.*

Para sempre!

ATRAVESSANDO SUA TEMPESTADE

É mais fácil ceder espaço a algumas emoções do que a outras, pois essas são produzidas por circunstâncias que, para a maioria de nós, se opõem a uma realidade contínua. Nós podemos encarar o desespero por algum tempo, mas isso passará. Podemos sofrer por uma perda inesperada ou por uma tragédia, mas a dor faz sentido em função daquilo que estamos atravessando. O desafio relacionado à insegurança é muito penetrante. Somos apresentados a centenas de oportunidades para ir ao encontro dele, diariamente. Então, como fazemos para resistir?

1. A próxima vez que a insegurança bater a sua porta, corra para o mundo dele. Lembre que o amor de Deus por você não tem nada a ver com seu desempenho. Contarei a você um segredo meu. Em meu banheiro, que é o primeiro lugar para onde vou na maioria das manhãs, tenho três patinhos de borracha, daqueles que as crianças costumam brincar quando estão na banheira. Dois patinhos seguem em uma direção e outro segue na direção contrária. Isso é o meu lembrete diário de que

jamais terei todos os meus patinhos em uma fila e está bom assim.

2. Lembre-se também da gloriosa boa nova de que Deus a escolheu; você não o escolheu. E ele continua escolhendo você, tanto nos dias em que você sente que fez tudo certo como naqueles em que você sente que deu tudo errado.
3. Ouça-o dizer, ao final:

> Conservem-se livres do amor ao dinheiro e contentem-se com o que vocês têm, porque Deus mesmo disse: "Nunca o deixarei, nunca o abandonarei." Podemos, pois, dizer com confiança: "O Senhor é o meu ajudador, não temerei. O que me podem fazer os homens?" (Hebreus 13:5-6).

CAPÍTULO 8

SURGE UM NOVO AMANHECER

DA INSIGNIFICÂNCIA À CORAGEM

Fosse o poço bem profundo ou caísse ela bem devagar, ela ainda tinha bastante tempo durante a queda para olhar ao seu redor e querer saber o que aconteceria em seguida.

— LEWIS CARROLL, *AS AVENTURAS DE ALICE NO PAÍS DAS MARAVILHAS*

Sejam fortes e corajosos. Não tenham medo nem fiquem apavorados [...], pois o Senhor, o seu Deus, vai com vocês; nunca os deixará, nunca os abandonará.

— DEUTERONÔMIO 31:6

No final de década de 1980 e início dos anos 1990, eu apresentava meu *talk show* de trinta minutos diários, intitulado *Heart to Heart* [De coração para coração]. Conheci pessoas maravilhosas que nem sempre alcançavam os milagres pelos quais oravam e, mesmo assim, continuavam amando Deus.

Minha produtora Cheryl e eu procurávamos histórias que mostrassem o mistério da presença de Deus quando nada mais fazia sentido. Nós nos libertávamos da limitação de que cada história deveria acabar bem, pois nem toda história tem um final feliz. Eu usava minha crença apaixonada de que, quando sua história é real, em *tudo* encontrará um Deus real, pois tudo é possível. As coisas apenas podem não acontecer como você espera.

Muitas pessoas deixaram uma impressão indelével em meu coração.

- *Charlie Wedemeyer*, um professor do segundo grau e técnico de futebol cuja fé brilhava até mesmo quando ele descobriu ter uma destrutiva doença, a esclerose lateral amiotrófica (ELA).
- *Noah Snider*, que desceu rapidamente de uma vida normal para uma vida nas ruas, tornando-se um sem-teto.
- *Pilot Eugene "Red" McDaniel*, preso no Vietnã do Norte e mantido prisioneiro em "Hanoi Hilton" (nome dado à pior prisão durante a Guerra do Vietnã) por seis anos.

Cada um desses homens falou sobre lutar com sua fé, lutar junto com Deus nos lugares mais sombrios que se pode imaginar e, todavia, encontrá-lo fiel. Uma mulher, entretanto, foi quem mais me cativou.

Desde o primeiro instante em que conheci Huldah Buntain, senti como se ela fosse da família. Até mesmo quando ela se sentava no *set* e cruzava as pernas de lado, lembro que eu pensava, *Parece que eu a conheço*. Eu li seu livro *Treasures in Heaven* [Tesouros no Paraíso], na noite anterior ao dia em que nos conhecemos. Mas eu sempre lia os livros dos meus convidados. Entretanto, havia algo mais sobre Huldah.

Algo sobre Huldah...

Eu amei sua honestidade, que chegava a ser brutal. Ela e o marido, Marcos, serviram como missionários na Índia por mais de trinta anos. Talvez meu coração tenha se conectado tão profundamente com o de Huldah porque ela vivera o meu sonho.

Quando jovem, eu acreditava que Deus me chamara para ir à Índia. Participei de um seminário realizado em Londres a fim de me preparar para aquela missão. Comprei um mapa da Índia e o coloquei na parede do dormitório universitário. Todas as manhãs e noites, enquanto eu orava pelas mulheres da Índia, lágrimas deslizavam pela minha face. Até então, e também depois do que aconteceu, eu nunca experimentara uma carga de orações como aquela.

Quando eu me graduei no seminário, porém, Deus redirecionou os meus passos para ir trabalhar na Europa, com o Youth for Christ [Juventude por Cristo]. Acho irônico que, até hoje, já pus meus pés em quase todos os países do planeta — exceto na Índia.

A Índia pode ter sido o *meu* sonho, mas certamente não foi o de Huldah. Ela não queria ser missionária. Ela não queria nem mesmo ser esposa de um pastor. Em seu livro, ela escreve:

> "Deus," orei em silêncio, "vivi quase toda a minha vida em sacrifício. Eu gosto das boas obras. Por favor, não me peça para ser esposa de um pastor. Farei qualquer coisa que o Senhor pedir, mas, por favor, Deus, o ministério não."[1]

Eu ri alto ao ler esse trecho. Gostaria de saber quantas de nós fazem este tipo de oração — "Farei isso e isso e isso, mas não aquilo".

Você pensa que, de algum modo, pode-se barganhar com Deus. Se pensa, isso nunca funcionou para mim.

E certamente também não funcionou para Huldah.

Ela e Marcos se apaixonaram e se casaram. E, em 1954, garantiram seus lugares em um navio para começar a trabalhar na Índia. Digo "navio", mas não pense em um "navio de cruzeiro". A embarcação deles não tinha nada em comum com os navios que conhecemos. Eles viajaram em um cubículo escuro no casco do navio. Como brincou Marcos: "Há a primeira classe, a segunda classe, a terceira classe e a classe dos missionários." Ele viu graça nisso, ao contrário de Huldah.

Marcos estava empolgado em relação ao seu chamado para uma terra de milhões de pessoas que nunca ouviram falar do Evangelho de Cristo. Huldah, porém, não tinha piedade da Índia. Eles assumiram um compromisso inicial com duração de um ano e ela orava fervorosamente para que, após os 12 meses, ambos pudessem voltar para os Estados Unidos, particularmente depois do nascimento de sua filha. Ela não pensava que eles poderiam criar um filho com segurança em um país mergulhado na pobreza e na doença, e (como a maioria de nós faria se estivesse com um filho pequeno) queria estar perto da família dela.

Ao final daquele ano, porém, Marcos sabia que Deus o chamara para dar sua vida ao povo da Índia. Huldah ainda não estava convencida, mas era fiel: "Deus não me chamou para a Índia, mas me chamou para ser esposa de Marcos."

Enquanto ouvia Huldah falar sobre as dificuldades de estabelecer uma igreja em um país estrangeiro, lutar com as restrições sem sentido impostas pelo governo e ficar sem suprimentos diante de necessidades esmagadoras, tive de parar de sonhar. Como uma adolescente, eu tinha uma ideia muito romântica e fantasiosa da vida em missões. Eu imaginava que seria algo como desembarcar do meu navio e pisar em solo indiano, sendo imediatamente cercada por crianças me dando as boas-vindas e, então, em um ano, centenas de pessoas entregariam sua vida a Cristo por meio do meu ministério e aprofundariam os estudos bíblicos por mim administrados em minha pequena cabana.

Ingênua e sem noção.

Huldah descobriu (e viveu) um contexto muito diferente. Rapidamente, ficou claro que, em todo o mundo, as pessoas são incrivelmente iguais. Os tipos de problemas que afligem a igreja local em Pittsburgh também alcançam a igreja em Calcutá. Noite após noite, Marcos voltava para casa desanimado e desgastado pelas disputas com o conselho de diáconos. Aquilo tudo deixava Huldah furiosa. Ela descreveu seu travesseiro como "uma plataforma de lançamento para pensamentos vingativos".

Huldah conseguia ver, porém, o amor pelo povo indiano correndo nas veias de Marcos e, com o passar do tempo, começou a compartilhar dele. Eles alimentaram famintos, cuidaram de doentes e edificaram o corpo de Cristo. Eventualmente, eles ajudaram a estabelecer uma grande igreja em Calcutá, além de um hospital reconhecido nacionalmente.

Mas eles tiveram de enfrentar tempestades que jamais preveriam, incluindo a nuvem pesada que se formara sobre a saúde de Marcos. Tiveram de retornar aos Estados Unidos duas vezes para que ele se submetesse a cirurgias na coluna e recebesse os cuidados de que precisava para se recuperar. A última tempestade foi um golpe duro demais para superar. Marcos sofreu uma hemorragia cerebral e não sobreviveu à cirurgia destinada a aliviar a pressão em seu cérebro.

A morte do marido devastou Huldah. Imagino que, quando se compartilha o tipo de vida que eles tinham, sem o conforto de um lar, a ligação do casal é tensionada até chegar a um ponto de ruptura ou então se torna indestrutível. Essa segunda alternativa foi o aconteceu no caso de Marcos e Huldah.

Ele havia expressado seu desejo de ser sepultado na Índia. Então, com a permissão do governo indiano, Marcos foi enterrado nas fundações de um novo templo que estava em fase de construção. Ele viveu para servir a Deus e ao povo da Índia, e seus ossos descansam perpetuamente onde seu coração batia mais forte. Milhares de pessoas compareceram ao funeral dele e, conforme Huldah assistia à marcha passar ante o caixão do marido, com lágrimas escorrendo naqueles rostos, ela finalmente percebeu que, naquele momento, poderia voltar para casa.

Enfim, ela estava livre para voltar para os Estados Unidos, para junto da família e dos amigos. Foi então que Deus lhe falou.

Você já notou quantas vezes Deus faz isso? Você está com tudo planejado, os patos estão enfileirados... De repente, Deus fala. Huldah escreveu: "Vi-me envolvida pelo mesmo chamado divino que conduzira Marcos. Senti a minha ordenação para continuar o trabalho iniciado entre as pessoas da terra que eu havia cultivado para amar."

Hoje ela ainda serve na Índia. No ano passado, recebi um presente inesperado. Huldah veio para uma visita rápida aos Estados Unidos, gravou uma mensagem no iPhone de um amigo e a enviou para mim. Havia se passado 23 anos desde a ocasião em que a entrevistei. Senti-me profundamente tocada por ela ter se lembrado de mim.

Se você acessar o site do Mercy Hospital, em Calcutá, na Índia, verá que seu logotipo tem a forma de duas mãos em concha, como se estivessem para receber algo a ser derramado. Huldah explica por que:

> Toda manhã, às margem do Ganges, os indianos passeiam pelo rio, apanham um pouco de sua água com as mãos e a derramam para simbolizar a oferta de um autossacrifício. Na Índia, a imagem dessa ação é usada para representar a doação desinteressada e o compromisso com uma causa nobre. Nós a usamos no logotipo do hospital para transmitir a nossa dedicação ao nos derramarmos a nós mesmos para servir com generosidade ao povo de Calcutá, sobretudo aos menos privilegiados.[2]

Seu você se sentasse com Huldah no início dessa jornada e lhe contasse sobre um tempo em que ela viveria na Índia, que Marcos morreria lá e que, mesmo assim, daria continuidade ao trabalho dele, ela teria dito: "Você está louca!" Ela desejava levar uma vida simples, que fosse confortável, e criar sua família, em vez de mudar toda a sua vida.

Deus, porém, tem planos muito maiores. Quando Huldah disse "sim" a Marcos, ela não tinha como saber que estava dizendo "sim" a Deus também. O passo inicial de fé, casar com um pastor, foi apenas o primeiro de uma longa jornada que transformaria essa mulher de alguém que desejava permanecer insignificante no palco do mundo em uma mulher de coragem que continua servindo a Índia até hoje. Apenas um passo é capaz de mudar o curso de uma vida.

Eu tenho uma sensação forte de que, enquanto estou aqui escrevendo, Deus tem planos muito maiores para cada uma de suas filhas que confia nele. Talvez você, como eu, seja incrivelmente consciente daquilo que é incapaz de realizar. Quando concluí o segundo grau, uma de minhas amigas escreveu em meu anuário: "Provavelmente você será uma dona de casa." Para ela, aquilo tinha conotação irônica e sarcástica, mas ela cravou um prego na minha cabeça. A minha vida parecia ser insignificante demais para que eu pudesse fazer algo grandioso para Deus. A coragem era para outras pessoas menos problemáticas que eu. E, ainda hoje, os desafios me intimidam. Sempre posso sugerir vinte mulheres diferentes que acredito terem qualificações muito melhores.

Eu, porém, estou me tornando uma grande fã da palavra *coragem*. Caminho com Deus há mais de quarenta anos e agora consigo enxergar a diferença entre coragem divina e imprudência; força humana e dependência absoluta daquele que me dá força. Acredito que Deus chama a todos para viver uma vida significativa para o Reino dele. Hollywood não faz ideia do que fazer com uma história dessas, pois é sobre Jesus, e não sobre nós. Então, talvez, antes de podermos entender o sonho de Deus, precisamos parar de acreditar em alguns mitos sobre nós mesmos.

Nossos sonhos... E os de Deus

Quando menina, você era mais do tipo que pensava "Um dia meu príncipe virá e nós viveremos felizes para sempre", do tipo que via sua maior riqueza na força de sua família, ou do tipo que queria sacudir o mundo? A menos que alguém acabe com nossa capacidade de sonhar quando ainda somos bem jovens, a maioria de nós imagina fazer algo de importante em nossas vidas. Podemos não mudar o mundo, mas poderemos mudar nossa parte nele.

Aos 16 anos, eu queria ser enfermeira — até visitar a esposa do nosso pastor no hospital, que passara por uma cirurgia do nariz. Devia ser hora da troca do curativo dela, pois a única coisa que eu soube em seguida foi que tinha acordado em um leito próximo ao dela.

Meu lema se tornou: "Todo sangue deve ser mantido dentro do corpo, sempre que possível!"

Provavelmente você já tenha sonhado em se casar e constituir uma família, ou seguir determinada carreira, ou talvez tenha decidido deixar a sua vida andar naturalmente. Cada um desses sonhos possui uma imperfeição inerente. Mesmo que você se case com o homem mais fino da face da Terra, tenha superfilhos e atinja ao topo da carreira que escolheu, sentirá ainda *alguma coisa* faltando no seu sonho. Enquanto vivermos neste planeta, nossos sonhos humanos jamais se concretizarão exatamente do modo como foram idealizados.

Mas com os sonhos de Deus é diferente. Eles dizem respeito a mulheres comuns como você e eu, que acreditam que qualquer coisa é possível porque Deus vive em nós. Como George Eliot escreveu: "Nunca é tarde demais para ser o que você poderia ter sido."

Em 2013, uma notícia chocou o mundo: "O papa Bento XVI diz que irá renunciar, pois sente que não tem mais forças para cumprir os deveres de seu ofício." Não conheço muito bem a história da Igreja Católica romana, mas sei que o papa Bento XVI foi o primeiro a renunciar desde a Idade Média, há mais de seiscentos anos. Essa foi uma decisão muito *difícil*. É preciso ter muita coragem para fazer isso. Não posso imaginar o processo interno que deve ter se instaurado. Tenho certeza de que muitas vezes insistiram: "Você não pode *fazer* isso!" O papa Bento XVI, contudo, acreditava claramente que tinha cumprido seu tempo de servir e chegara o momento em que deveria ser exonerado, não importava o que os outros pensassem nem como responderiam.

Uma conclusão a que podemos chegar a partir disso é que, muitas vezes, dizer "sim" a Deus requer dizer "não" aos outros.

Mas isso não é tão fácil quanto parece.

Muitas mulheres me falaram sobre a frustração de viver o que outras pessoas sonharam para elas, em vez de seguirem o rumo que gostariam que suas vidas tivessem tomado. Certa vez, alguém me perguntou: "Se você pudesse falar agora, como uma mulher adulta, para a jovem que você foi aos 16 anos, o que diria a si mesma?"

"Corre!", respondi.

Talvez não dissesse isso dessa maneira, mas eu *me* diria para não se preocupar tanto com a opinião dos outros, pois existe uma grande probabilidade de que eles nunca pensem nela tanto assim! E mesmo que as pessoas achem divertido ter pensamentos pouco lisonjeiros a meu respeito, eu declararia que Deus *me* ama e que, em todas as vezes que *eu* cair, ele *me* ajudará a levantar novamente.

Se você pudesse se sentar com sua antiga versão de 16 anos e lhe fizesse as perguntas a seguir, como você acha que responderia?

- Você acha que é ouvida?
- Os seus sonhos são importantes para aqueles que a amam?
- Você conseguirá seguir a carreira que deseja?
- Você acredita que os outros a levam a sério?
- Você acredita que quer fazer algo grandioso para Deus?

Gostaria de saber o que sua versão mais jovem responderia. Você talvez tenha se casado muito cedo e, como as crianças foram chegando uma atrás da outra, qualquer outro sonho se perdeu escondido por uma montanha cada vez maior de fraldas e louça suja. Não me leve a mal. Ser mãe, na minha opinião, é glorioso. Considero a maternidade um dos chamados mais desafiadores, completos e angustiantes que Deus nos faz.

Entretanto, quero abordar aqui as mentiras que o inimigo pode estar sussurrando neste exato momento, nas profundezas do seu coração, não importa onde você passa seus dias, seja no escritório da ou em casa.

Isto é tudo que você vai fazer com sua vida?
Mesmo que caia na cama, após um ou mais dias exaustivos, não vê que não fez nada realmente importante?
A sua vida não faz nenhuma diferença.

Todas essas mentiras conduzem ao mesmo endereço: o inferno.

A sua vida *importa* para Deus. Nós vivemos em uma cultura que glamoriza a fama e dá importância a coisas cujos prazos de validade duram pouco. Eu sempre fico curiosa para saber se a mãe que ora todas as noites percebe — e até mesmo começa a entender — a diferença que está fazendo. Então, do mesmo modo, quando uma executiva trabalha em uma empresa bem-sucedida, faz uma oração a cada transação e busca "orientação divina" toda vez que vai a uma reunião.

Eu penso que cada mulher cristã deveria receber algum tipo de crachá do serviço secreto, para nos lembrar de que servimos a outro Rei. O nosso Rei não procura por aquele que possui o conjunto de habilidades mais impressionante, mas busca aquele cujo coração é o de um servo que sabe quando ficar e servir. Quem, neste mundo, escolheria uma garota de 12 anos, oriunda de um vilarejo obscuro com uma população de menos de dois mil habitantes, para ser a mãe de Jesus? Aqueles que viviam em Nazaré e conheciam Maria, a veriam como uma menina doce, que estava para se casar e iniciar uma vida tranquila. Deus olhou para o coração de Maria e a conduziu a uma profunda jornada da insignificância à coragem. O mundo pode olhar para você e não dar valor algum a quem você é, mas isso é um erro do mundo. Como Paulo escreveu para os coríntios:

> Irmãos, pensem no que vocês eram quando foram chamados. Poucos eram sábios segundo os padrões humanos; poucos eram poderosos; poucos eram de nobre nascimento. Mas Deus escolheu o que para o mundo é loucura para envergonhar os sábios, e escolheu o que para o mundo é fraqueza para envergonhar o que é forte. Ele escolheu o que para o mundo é insignificante, desprezado e o que nada é, para reduzir a nada o que é (1Coríntios 1:26-28).

Paulo usa uma linguagem bem forte nesse trecho, não para envergonhar os coríntios, mas para despertá-los. Ele quer lembrar a eles de seus antecedentes, de quem são em Cristo e do quão grandioso é Deus. A palavra *insignificante* denota o oposto de *nobre*, significando "de pouca importância". Quanto à palavra resultante, *desprezado*, significa mais do que simplesmente "olhado de baixo para cima", e algo mais próximo de "marcado pelo menosprezo, ridicularizado". Em Lucas 23:11, é usada a mesma conotação para descrever o modo como Jesus foi tratado por Herodes: "Então Herodes e os seus soldados ridicularizaram-no e zombaram dele. Vestindo-o com um manto esplêndido, mandaram-no de volta a Pilatos."

Paulo deixou claro que aquilo que tinha pouca importância no mundo detinha um significado monumental junto a Deus. Parece até brincadeira o fato de Deus usar as pessoas menos prováveis para fazerem realizações poderosas para ele. Deus fez isso durante milênios — e ainda faz. Você e eu somos prova disso.

Um dos meus projetos favoritos é tentar derrubar o mito da fama no palco. Nós pensamos que, se alguém caminha até o púlpito ou sobe ao palco, bem-vestido, segurando uma Bíblia em uma das mãos e um microfone na outra, essa pessoa é mais especial, é selecionada e mais "ungida" do que a mulher que está em seu assento, com o cabelo puxado para trás e preso com grampo e vestindo uma roupa simples.

Não!

A verdadeira importância, no Reino de Deus, *jamais* tem origem no talento ou no carisma, e sim no amor — e o amor verdadeiro requer coragem.

Você pode se sentir tentada a pensar, *obrigada, mas tudo isso é muito pouco.* Embora eu não queira zombar do evangelho, digo que a verdade mais hilária sobre o Reino de Deus é que *nunca* é tarde demais para se levantar e dizer: "Ok, estou dentro!"

Certo, percebi que você torceu o nariz. "Eu mal consigo lidar com a arrumação da casa", você diz, "e você quer que eu saia e mude o mundo? Estou trocando uma fralda e isso é tudo que consigo fazer!"

Nem por um instante estou sugerindo que você abra um parêntese em sua vida e saia para conquistar um país para Jesus. Eu apenas quero lembrá-la que você — sim, você — faz parte desta obra maravilhosa que Deus está fazendo na terra. Sigo Jesus há quarenta anos, mas nunca senti uma mudança na atmosfera espiritual como a que tenho sentido nos dias de hoje. Deus está em movimento, e eu quero fazer parte do que ele está fazendo.

E também quero que você faça parte disso.

Foi esse o motivo que me levou a escrever este livro, em um momento em que eu estava cheia de outras coisas exigindo meu tempo e minha atenção. Isso é *importante.*

Acredito com todo o meu coração que Deus está levantando um exército de mulheres de todos os tipos e raças, espalhadas ao redor do mundo, que se cansaram de ouvir o inimigo e estão prontas para acreditar no "sim" de Deus!

Acredito com todo o meu coração que Deus está levantando um exército de mulheres de todos os tipos e raças, espalhadas ao redor do mundo, que se cansaram de ouvir o inimigo e estão prontas para acreditar no "sim" de Deus!

Se estou falando de avivamento? Bem, estou. Talvez, porém, de uma forma que nenhuma de nós conhece. Ouço com frequência as pessoas falarem sobre avivamento nos Estados Unidos, mas nunca tive uma profunda noção de sua iminência. Aos vinte ou trinta anos, recebi muitos convites para cantar em "reuniões de avivamento", mas a única coisa que eu via ser avivada era o arroz da semana anterior.

Como seminarista, estudei muitos dos grandes avivamentos da história cristã. Estudei o grande avivamento de Welsh, ocorrido em 1904. A tempestade de revivificação que caiu sobre as colinas e vales de Wales naquele ano se transformou em um furacão, cujos ventos divinos sopraram ao redor do mundo. Pessoas de todos os países foram ao local e, profundamente chocadas, levaram para casa as chamas ainda ardentes.

Outro poderoso avivamento sacudiu as Ilhas Hébridas, na minha terra natal, a Escócia, em 1949. Duncan Campbell, que foi convidado para orar lá, descreveu o ocorrido da seguinte forma:

> Deus estava começando a se mover, as portas do céu foram abertas, nós estávamos lá frente a frente com Deus. Deu três da madrugada e Deus entrou. Cerca de 12 pessoas deitaram-se prostrados no chão, em silêncio. Algo

> aconteceu. Nós sabíamos que as forças da escuridão estavam sendo conduzidas de volta, e os homens estavam sendo salvos. Saímos do local às três da madrugada e encontramos pessoas que estavam procurando por Deus. Caminhei por uma estrada e encontrei três homens implorando a misericórdia de Deus. Havia luz em cada casa, ninguém parecia sequer estar pensando em dormir.[3]

Esses grandiosos avivamentos, e outros como esses, nasceram das orações fervorosas e comprometidas de crentes que não se deixariam de Deus sem conseguir uma resposta dele. Eu amo o fato de os historiadores terem traçado o início do avivamento escocês a partir de duas irmãs, Peggy e Christine Smith, que naquela época tinham 82 e 84 anos. Elas oravam constantemente pelo avivamento.

Ao considerar muitas dos avivamentos que estudei, parece-me que Deus, por um instante, abria os céus, derramava generosamente o seu espírito e, então, seguia adiante.

Não sei se veremos aquele tipo de avivamento nos dias de hoje, mas oro por isso todos os dias. Não sei se Deus está envolvido na revivificação de mulheres comuns, como você e eu, e nos ensina um modo de viver com coragem e paixão. Vi isso acontecer com Huldah. Vi acontecer também com minha mãe que, aos 65 anos, sabia que era tarde demais para se tornar professora — até alguém desafiá-la a ensinar a Bíblia em sua casa.

As Escrituras estão repletas com histórias de homens e mulheres que se sentiam insignificantes até se verem em encruzilhadas espirituais.

Momentos como esses podem mudar uma vida.

Se for a vontade de Deus, elas podem mudar uma nação.

Um "momento de Ester"

No Antigo Testamento, a história de Ester ilustra claramente a transformação da insignificância em coragem. Penso que Ester é a encarnação do que disse Viktor Frankl: "Quando perdemos a capacidade de mudar uma situação, somos desafiados a mudar a nós mesmos."

Considero o livro de Ester notável em muitos aspectos. Primeiro, por ser um dos dois livros da Bíblia com nome de mulher (o outro é o de Ruth). Em segundo lugar, embora esse livro não mencione Deus nem ao menos uma única vez, o retrata nitidamente como herói.

A história de Ester é muito instigante para mim, pelo fato de ninguém perguntar se ela queria dar um passo adiante e ter coragem. Ela apenas foi convencida a participar de uma encenação por um capricho do homem mais poderoso daquele tempo, o rei Xerxes.

Quatro anos antes, a bela esposa de Xerxes, a rainha Vashti, recusara-se a ser tratada como um *poodle* adestrado na frente de alguns convidados bêbados e, por isso, o rei foi aconselhado a se divorciar. E ele o fez. Porém, o rei se sentia solitário e, por isso, seus conselheiros (esse rei precisava mesmo arrumar conselheiros novos) inventaram um plano obsceno. Eles sugeriram que o rei enviasse homens para percorrer seu vasto império e encontrar adolescentes virgens e belas. É aqui que Ester entra em cena. Ela foi capturada. Ela não foi voluntária e ninguém a consultou. Ester foi recrutada por dois motivos:

1. Ela era bonita.
2. Ela era virgem.

Imagine a situação. Ester estava sentada, fazendo uma refeição tranquila à noite, quando um soldado bateu a sua porta. Quando o tio dela atendeu, o soldado arrastou-a para longe. Imagine como Mordecai deve ter se sentido. Ele viera a cuidar de Ester, após a morte de sua mãe e seu pai dela. Ele a criou como se fosse a própria filha e, agora, alguém a levara embora, afastando-a do tio querido, e não havia nada que pudesse ser feito. Temendo pela vida da sobrinha, ele a instruiu para manter sua origem judaica em segredo.

Os cuidadores reais limparam as meninas, e depois banharam-nas em óleos perfumados suficientes para um ano inteiro, antes de elas serem apresentadas ao rei para que ele escolhesse a mais suculenta de todas — como um pedaço de peru de Natal servido na bandeja. Bem, Ester "venceu" o concurso de Miss Pérsia e o rei Xerxes fez dela sua nova rainha.

Esse foi verdadeiramente um casamento por conveniência. Xerxes chamava Ester quando queria dormir com ela, mas tinha muitas concubinas. Passavam-se semanas sem que Ester fosse chamada pelo marido. De muitas formas, ela tinha ao mesmo tempo tudo e nada. Era uma judia vivendo como rainha pagã. Tinha um marido, todavia, não havia intimidade conjugal. Tinha muitas joias, mas não tinha o coração do marido. Recebera um título importante, mas sua vida era vazia de significado.

Naquele cenário triste e opulento, o Senhor deu a ela a oportunidade de sair da insignificância e partir para a coragem. Ester estava prestes a redescobrir a realidade que lhe pertencia.

Ao longo da história bíblica, Satanás conspirou repetidamente para destruir o povo de Deus e, sob o governo do rei Xerxes, seus planos vieram à tona outra vez. Haman, chefe do conselho real, era um homem profundamente arrogante e diabólico, que exigia que todos se curvassem em reverência ao passar por ele. Mordecai recusou-se a fazer isso, alegando que só Deus era merecedor de adoração. Isso enfureceu Haman e quando ele descobriu que Mordecai era judeu, arquitetou um plano para matar todos os homens, mulheres e crianças judias. Ele apresentou seu plano ao rei, alegando uma ameaça inventada de que o povo judeu estava começando a se rebelar e ameaçar o trono.

Assim como Satanás, Haman estava convencido de que pensara em tudo. Ele percebeu que o rei poderia considerar os recursos provenientes dos impostos que perderia com a execução em massa, então ofereceu-se para pagar ao rei o equivalente a cinco milhões de dólares do próprio bolso. Essas eram as trinta moedas de prata de Haman.

Xerxes acreditou em Haman e aprovou um decreto determinando que todos os judeus fossem executados. É interessante notar que esse decreto foi enviado na Páscoa judaica, no dia em que todos os judeus celebravam a libertação do povo no Egito. Mais uma vez, parecia que o destino do povo de Deus estava selado.

Quando Mordecai soube disso, enviou uma mensagem a Ester, pedindo-lhe que falasse com o rei e implorasse pela vida de seu povo.

Para entender a gravidade da intervenção requerida, precisamos lembrar que *ninguém* podia estar na presença do rei sem ser convocado. Aparecer sem ser convidado implicava pena de morte — e Xerxes não chamava Ester há um mês. Gosto do que Carolyn James escreveu: "A primeira batalha dela — ainda mais difícil do que enfrentar Xerxes — foi encarar e superar a si mesma."[4]

O pedido de Mordecai deixou Ester transtornada. Teria ele alguma ideia do desastre que um encontro forçado poderia provocar? Ela enviou imediatamente uma resposta ao tio, lembrando-lhe do que poderia lhe acontecer se ela fosse à presença do rei sem uma convocação oficial. A resposta de Mordecai pareceu uma daquelas mensagens proferidas por um velho e grisalho profeta:

> Não pense que pelo fato de estar no palácio do rei, você será a única entre os judeus que escapará, pois, se você ficar calada nesta hora, socorro e livramento surgirão de outra parte para os judeus, mas você e a família do seu pai morrerão. Quem sabe se não foi para um momento como este que você chegou à posição de rainha? (Ester 4:13-14).

A resposta de Mordecai convenceu Ester a agir. Ele tocou em três pontos essenciais, que superavam o medo e a hesitação:

1. Não se esconder de quem realmente é. A verdade sempre aparece e, quando isso acontecer, você também morrerá.
2. Deus prometeu salvar seu povo e cumprirá sua promessa, com ou sem a sua ajuda.
3. Ester, levante-se! Talvez você tenha se tornado rainha justamente para essa emergência.

Nós também vivemos em um mundo em que a menção ao Nome de Deus está se tornando cada vez mais e mais rara, ainda que vejamos suas pegadas em toda parte. Então, como as palavras de Mordecai nos ajudariam nos dias de hoje?

Primeiramente, o poder humano — desde a Casa Branca até o Kremlin e os ditadores mais demoníacos — parece ser um grande negócio, mas, no fim, não têm o poder de salvar ninguém: "Nenhum rei se salva pelo tamanho do seu exército; nenhum guerreiro escapa por sua grande força. O cavalo é vã esperança de vitória; apesar da sua grande força, é incapaz de salvar" (Salmos 33:16-17). Deus esclarece que esse tipo de "poder" é insignificante.

Em segundo lugar, nós estamos vivos graças às promessas de Deus: "[...] pois quantas forem as promessas feitas por Deus, tantas têm em Cristo o 'sim'. Por isso, por meio dele, o 'Amém' é pronunciado por nós para a glória de Deus" (2Coríntios 1:20). O salmista dependia da promessa de Deus e, assim, continuou: "Mas o Senhor protege aqueles que o temem, aqueles que firmam a esperança no seu amor, para livrá-los da morte e garantir-lhes vida, mesmo em tempos de fome" (Salmos 33:18-19). Nossa coragem é edificada quando meditamos sobre as promessas de Deus.

Em terceiro lugar, suponhamos que *eu* estivesse viva exatamente *neste* tempo e *neste* lugar, para exercer um papel específico, atribuído especificamente a *mim* pelo Rei do universo, que conhece o fim desde o início — bem, requer coragem mudar de algo genérico e universal para algo particular, individual.

Ester refletiu sobre essas coisas e então decidiu agir. Ela jejuou e orou, pedindo que todo o povo judeu se unisse a ela. Eu *amo* isso. Se você quer ser corajosa como Ester, é melhor ter um conselheiro como Mordecai! Até mesmo a mais irada das almas precisa de amigos divinos para ajudá-la a encontrar coragem em momentos de medo. Embora Ester estivesse prestes a demonstrar uma coragem divina vinda do Senhor, viu essa força ser moldada primeiramente por seu tio. Assim como Cristo ajoelhou-se no jardim de Getsemâni na noite em que foi traído, Ester ajoelhou-se e orou ao Deus dela. Então, após se fortalecer, estava pronta. Ela caminharia com os olhos bem abertos e voltados para o que quer que Deus permitisse: "[...] irei ao rei, ainda que seja contra a lei. Se eu tiver de morrer, morrerei" (Ester 4:16).

Isso não foi um trunfo, "tenho Deus no bolso e posso fazer milagres". Não, isso era uma humilde de serva de Deus convencida de que ele a chamara para algo terrivelmente difícil em uma das maiores encruzilhadas de sua vida. Ela encontrou coragem para entregar o desfecho a Deus.

Quando Ester se aproximou do rei, encontrou seu favor e ele a recebeu em sua presença. Ela explicou ao marido que Haman havia basicamente vendido seu povo para ser morto. O rei reverteu o decreto contra o povo de Deus e mandou que Haman fosse pendurado na forca que ele próprio construíra para matar Mordecai. Não apenas isso, o rei Xerxes permitiu que Mordecai criasse um novo decreto protegendo o povo judeu e o selou com o anel real, como um decreto que não poderia ser revogado. Que história incrível!

E quanto a nós? Estou bastante convencida de que sou um pouco mais velha para passar no concurso de Miss América. Não, temos um chamado bem mais grandioso: "[...] Quem sabe se não foi para um momento como este que você chegou à posição de rainha?" (Ester 4:14).

Nossos "momentos de Ester" chegarão, quando o Senhor nos pedirá para sairmos daquele que parece ser um lugar de insignificância e resistirmos com coragem pelo Rei e por seu Reino.

ATRAVESSANDO SUA TEMPESTADE

Eu amo a história de Ester. Imagino-a sentada ao redor de uma fogueira, em um momento posterior de sua vida, conversando sobre o que Deus fizera. Quem, senão Deus, poderia estar no controle de uma adolescente, arrancada de casa e arrastada para ser preparada e apresentada em uma bandeja a um rei! Ela poderia falar dos dias e noites solitárias, em que todos a viam como alguém que tinha tudo, enquanto na verdade sentia-se vazia e insignificante por dentro. Então, veio um daqueles momentos de encruzilhada que mudou tudo.

Imagino se ela tivesse netos que tenham perguntado: "Você ficou com medo?" Ao que ela responderia, "Sim, tive medo".

"Conte-nos de novo o que você fez, vovó!"

"Bem", diria ela, "entreguei minha vida insignificante à única pessoa que transforma vidas pequenas em vidas grandiosas. Eu a entreguei ao Deus Jeová."

E assim também é para nós, meninas.

1. É tempo de nos prepararmos.
2. Nós guardaremos a Palavra de Deus nas profundezas dos nossos corações.
3. Ensinaremos muito bem a Palavra aos nossos filhos.
4. Jejuaremos e oraremos, pois só Deus sabe se viemos para o Reino em tempos como os de hoje.

CAPÍTULO 9

Firme na rocha

Do desespero à fé

"Axel", replicou o professor friamente, a nossa situação é quase desesperadora; mas ainda temos algumas chances de salvação e é isso que estou considerando. Se por um momento perecermos, então a qualquer instante podemos ser salvos. Vamos então nos preparar para nos apoderarmos da menor das vantagens."

— Júlio Verne, *Viagem ao centro da Terra*

Mas temos esse tesouro em vasos de barro, para mostrar que esse poder que a tudo excede provém de Deus, e não de nós. De todos os lados somos pressionados, mas não desanimados; ficamos perplexos, mas não desesperados; somos perseguidos, mas não abandonados; abatidos, mas não destruídos. Trazemos sempre em nosso corpo o morrer de Jesus, para que a vida de Jesus também seja revelada em nosso corpo.

— 2Coríntios 4:7-10

Em 2007, o desenho *Garfield* bateu o recorde de história em quadrinhos mais vendida em todo o mundo.

Jon Arbuckle, o dono fictício do Garfield, é um homem jovem que leva uma vida cheia de desafios. Ele tem um modo de se vestir espalhafatoso e tenta aliviar o tédio dedicando-se a hobbies como cortar as unhas do pé ou comprar meias novas. Ele é o alvo da maioria das brincadeiras do Garfield, bem como o receptor da perspicácia aguçada do gato. Enquanto se preparava para um encontro, em uma noite qualquer, Jon perguntou a Garfield se ele achava que sua gravata era grande demais, ao que o gato respondeu: "Nem tanto, afinal seus amigos do circo não farão nenhuma objeção."[1]

Ai!

Há alguns anos, Dan Walsh (ele não é meu primo) lançou uma nova história em quadrinhos, *Garfield Minus Garfield* [Garfield menos Garfield], para revelar a angústia existencial interna de Jon. Pensa que o desenho pareceria menos cruel sem aquelas farpas lançadas pelo grande gato alaranjado? Você está errada. De algum modo, com Garfield no cenário, o desespero de Jon pelo menos foi ouvido. Nessa nova história, porém, você percebe a solidão vivenciada por esse homem jovem, que fala para o vento. (Na minha opinião, os dias de histórias divertidas acabaram.)

Até o adorável *Peanuts*, de Charles Schulz passou por mudanças estranhas. Atualmente, temos uma história em quadrinhos nova chamada *3eanuts*, que elimina o quarto painel do tradicional desenho animado de quatro painéis. Seu criador explicou:

> Em *Peanuts*, a história em quadrinhos de Charles Schulz, o desespero existencial que há no mundo deles frequentemente é dissimulado com uma piada de encerramento

sobre o personagem. Com a retirada do último painel, o desespero permeia tudo.[2]

Em uma tirinha de *3eanuts*, por exemplo, Charlie Brown se aproxima da banca de ajuda psiquiátrica de Lucy e pergunta se ela pode curar a solidão. No segundo painel, Lucy declara que pode curar qualquer coisa em troca de uma moeda. O painel três encerra com Charlie Brown perguntando se ela pode curar "depressão profunda, estar no fundo do poço, falta de esperança, fim do mundo e qualquer coisa relacionada à solidão". E, com isso, a história termina. Sem nenhuma ajuda oferecida por Lucy e sem nenhum alívio.

O desespero parece atrair aqueles cujo prazer da comédia está na acidez. Recentemente, descobri um site destinado a dar suporte ao desespero e a todas as suas deformações. Seu criador escreveu:

> "Nenhuma indústria infligiu tanto sofrimento nas pessoas quanto a de livros motivacionais. Livros, palestrantes e mensagens de motivação rendem bilhões de dólares ao venderem formas rápidas de alcançar sucesso e ferramentas para liberar o nosso potencial ilimitado. Em *Despair* [Desespero], sabemos que esses tipos de produto apenas elevam a esperança e depois a projetam. É por isso que esses produtos tocam direto os mais espiritualizados! Aproveite!"[3]

Como disse o comediante e pessimista assumido Woody Allen, "não é o desespero que captura as pessoas, é a esperança". Uma frase estranha, talvez, mas que para muitos passa longe da verdade. O desespero é que *de fato* captura as pessoas. Na verdade, o desespero é tudo que resta quando a esperança abandona um edifício em chamas.

Sério, nós precisamos de esperança para viver.

Viktor Frankl, ao descrever suas observações enquanto estava preso em um campo de concentração nazista, escreveu: "O prisioneiro que perdeu sua fé no futuro — em seu futuro — foi condenado."[4] Os nazistas achavam mais fácil destruir a vontade de viver de alguém que já não via nenhuma razão ou propósito para permanecer nesta terra.

Tenho ouvido histórias similares de uma amiga que trabalha com pacientes de câncer. Ela contou que já viu pacientes com diagnósticos semelhantes apresentarem respostas totalmente diferentes ao tratamento, dependendo do quanto acreditavam que tinham boas possibilidades de recuperação. Com a esperança, alguma força para lutar permanece dentro de nós. Sem ela, a toalha é jogada.

Eu vejo o desespero em escalada na época atual em que vivemos.

Tempos de desespero

Recentemente, em uma manhã de primavera em Londres, parei numa travessia de pedestres e fiquei esperando o sinal verde do semáforo. Amo ver os enormes ônibus vermelhos londrinos transitando. Quando morei em Londres como estudante, a parte lateral externa dos ônibus geralmente trazia anúncios do último filme ou show em cartaz. Entretanto, até então, eu nunca vira nada como aquilo naquela manhã. A lateral inteira do ônibus estava tomada por um enorme pôster em preto e branco, onde se lia "Deus está morto".

Isso me assustou tanto que perdi os sentidos por instantes. Mais tarde, naquele mesmo dia, perguntei a alguns amigos se eles tinham visto aquele anúncio. Eles disseram que anúncios como aquele brotaram por toda a cidade e eram parte de uma campanha publicitária patrocinada por ateus. Que manifestação triste!

É claro que os ateístas ingleses não inventaram aquele slogan. Friedrich Nietzsche — filósofo alemão, poeta e pastor luterano — cunhou a frase no século XIX. Que choque deve ter sido para o pai e os avós dele (que eram todos pastores) ver aquele homem brilhante não só mudar em relação à criação que eles lhe deram, como também vê-lo desprezar o trabalho de suas vidas! Nietzsche de fato não queria dizer que algo de terrível teria acontecido com Deus, e sim que nós já não precisávamos dele. Do ponto de vista cultural, nós matamos nossa fraqueza ou ansiamos por ter uma figura mítica na qual possamos nos apoiar.

No entanto, essa crença pareceu trazer pouco conforto à alma de Nietzsche. Como um homem de quarenta anos, ele sofreu um completo colapso mental e passou os últimos 11 anos de sua vida na escuridão interior, primeiro em um asilo de Basel e, depois, sob os cuidados de sua mãe, até morrer. Como deve ter atormentado a mãe dele, uma fiel seguidora de Cristo, ter de assistir ao filho morrer em tal desolação interior!

"Eu tentei acreditar"

Um dos caminhos mais certos para as mães se sentirem tentadas a cair em desespero e na falta de esperança é terem seus filhos se distanciando ou rejeitando abertamente a fé em Cristo. Em um evento recente, alguém colocou um envelope no bolso da minha pasta. Uma mãe escrevera no verso de uma carta datilografada, ocultando a assinatura na parte de baixo. Ela escreveu o seguinte:

Meu filho deixou este bilhete, que escreveu antes de se suicidar:

Eu tentei acreditar
Eu tentei ter esperança
Não consigo mais tentar
Por favor, me perdoe!

Eu chorei ao ler aquilo. Lamentei pelo rapaz ter sido tomado por tamanho desespero, a ponto de enxergar que não havia outra solução para a dor que sentia a não ser acabar com a própria vida. Chorei pela mãe que já não podia abraçar o filho e lhe dizer que estava tudo bem. Não sei o que estava acontecendo na vida daquele jovem, mas se ele estivesse lutando contra uma doença mental, então sei que deve ter havido muitos momentos em que ele não conseguira olhar por cima do nevoeiro.

Aqueles que nunca andaram por caminhos tão tristes e sombrios possivelmente são incapazes de entender. A doença mental não aparece em uma radiografia. Não há nada como as tempestades mentais vivenciadas por aqueles que lutam contra uma doença bipolar ou esquizofrenia. Elas mudam a perspectiva de quem sofre e impossibilitam que essas pessoas distingam o real do imaginário.

Quando fui internada com depressão, fiquei amiga de uma menina que lutava contra a esquizofrenia. Como cristã, ela amava e confiava em Deus. Mesmo assim, aquela doença a atormentou durante anos, assim como fizera com sua mãe. O pior desafio de sua vida veio do modo como outros cristãos a tratavam.

A ignorância pode fomentar um comportamento cruel e opressor.

Ela contou ao nosso grupo o modo como muitas pessoas tentaram exorcizá-la. Elas se negavam a admitir a esquizofrenia como "doença". Mesmo assim, aquela jovem preservou uma fé pura e simples.

Ela me disse: "Sei que Deus poderia me salvar a qualquer momento, mas também sei que ele pode me abraçar quando preciso saber que ele está presente e o inimigo me diz que estou sozinha."

Para essa garota, uma única palavra se transformou em oração: "Jesus!" Quando a tempestade interior se enfureceu e ela mal conseguia se segurar, ela aprendeu a correr ao encontro do poder existente no nome do nosso Salvador ressuscitado, Jesus Cristo.

Muitos caminhos levam ao desespero

A debilitação física ou mental pode levar ao desespero, porém muitos caminhos podem nos tirar de lá.

> "Minha filha voltou para a reabilitação pela terceira vez — fico desesperada por ela nunca conseguir ficar livre das drogas."
>
> "Já faz dois anos que estamos tentando conceber um filho. Fico desesperada com a possibilidade de nunca conseguir ser mãe."
>
> "Meu marido está desempregado há dezoito meses. Com a idade que tem, como ele encontrará um novo emprego?"
>
> "O câncer da minha filha voltou. Ela tem apenas cinco anos de idade! Por que Deus deixou isso acontecer?"

O escritor norte-americano Edgar Allan Poe viveu uma vida trágica. Na verdade, ele nunca conheceu seus pais. O pai morreu logo depois que ele nasceu, e a mãe, antes de ele completar quatro anos. Casou-se com Virginia quando ela tinha apenas 13 anos (algumas fontes relatam 14 anos). Entretanto, a morte da esposa aos 25 anos marcou o golpe final. O desespero que o seguia insistentemente aparece de forma clara em seus escritos e essa manifestação atinge o auge em seu poema mais famoso e sombrio, "O corvo". Esse poema conta a história de um homem que enlouqueceu após a morte de Lenora, a mulher que ele amava.

Sozinho em seu quarto, ele ouviu algo bater na janela. Ao abrir as persianas, o corvo voa para dentro. O pássaro fica então empoleirado na porta de seu quarto e pronuncia uma frase: "Nunca mais." Não importava o que ele perguntasse ao pássaro, a resposta era sempre a mesma: "Nunca mais." A mensagem assombrosa do pássaro ecoa nitidamente no coração de Poe — ele nunca mais veria sua jovem esposa novamente. O poema termina da seguinte forma:

> Que flutuam no chão, a minha alma que chora
> Não sai mais, nunca, nunca mais!

Se temos esperança apenas para esta vida, então teremos um bom motivo para cair em desespero. Entretanto, para os cristãos, a verdade gloriosa está em toda parte. Sim, esta vida é uma bênção preciosa — mas é efêmera. Nossa vida real permanece segura, guardada junto a Deus, onde nenhuma doença nem desespero podem tocá-la. Veja a diferença entre um homem que também enfrentou a perda de pessoas amadas... Só que com fé:

> Quando a paz, como um rio, estiver em meu caminho
> Quando sofrimentos rolarem como as ondas do mar
> Seja qual for a minha sorte
> Tu me ensinaste a dizer
> Está tudo bem; está tudo bem com a minha alma
> Apesar dos golpes que Satanás há de desferir
> Apesar das provações que virão

Deixe esta bem-aventurada confiança controlar
Que Cristo se importa com meu estado deseperançoso
E derramou o próprio sangue por minha alma
E Senhor, antecipe o dia em que minha fé será vista
As nuvens rolarão de volta como um rolo de pergaminho
O triunfo ressoará e o Senhor há de descer
Mesmo assim, está tudo bem com minha alma
Está tudo bem com a minha alma
Está tudo bem com a minha alma
Está tudo bem; está tudo bem com a minha alma

Esse hino, escrito por Horatio Spafford após o afogamento de suas filhas no oceano, reflete a esperança que se recusa a deixar o desespero se aninhar.

Sim, o desespero pode irromper em sua vida para uma visita ou até para uma breve estada. Mas isso não *definirá* a vida que espera em Deus.

As muitas faces do desespero

Pode ser útil desfazer os caminhos que trazem o desespero até nós. Noah Webster definiu o desespero de três formas.

1. Sem esperança — destruição da esperança ou da expectativa
2. Aquilo que causa desespero; daquilo em que não há esperança
3. Perder a esperança na misericórdia de Deus.[5]

A terceira definição coloca a falta de esperança em um lugar dolorosamente escuro, que me provoca calafrios. Que lugar desolado e assustador! Soa como acampar no lado escuro da lua. Já conheci o sofrimento, a decepção, a perda e o desespero — mas nada que fosse *desse* tipo. Há momentos em que perco a esperança na misericórdia de outras pessoas ou na vontade de estender a misericórdia a mim mesma. Nunca, porém, perdi a esperança na misericórdia de Deus. Não posso nem sequer imaginar isso. Isso seria como a noite sem luz — sem lua, sem estrelas... Uma noite completamente escura e tragicamente silenciosa.

A terceira definição de Webster nos fornece uma distinção clara daquilo que considero ser necessário ter em mente. Ele fala não só de perder a esperança na existência de Deus como também de perder a esperança em sua misericórdia.

Em minha escrivaninha há uma carta anônima que me fez derramar muitas lágrimas. Não tenho como entrar em contato com quem a escreveu e isso piora bastante a dor. Não posso fazer nada, a não ser elevá-la ao nosso Pai, enquanto ela acena à beira do penhasco do desespero:

> A culpa pelo meu filho de quatro meses e meio estar morrendo de síndrome da morte súbita infantil está me consumindo. Falhei em meu casamento e, neste exato momento, estou passando por um divórcio. Tenho um plano de acabar com minha vida em breve.

Essa irmã querida está se afundando no pior tipo de tempestade, golpeada por uma onda após a outra de acusações. Posso imaginar as mentiras satânicas que a esmurram agora:

Você matou seu bebê. Que tipo de mãe é você?

Por que você pensa que seu marido a deixou? Ele a culpa — todos a culpam!

Seria melhor se você estivesse morta!

Ao orar por ela a cada dia, peço a Deus que tenha misericórdia — que é o que coração desesperado anseia e mais necessita. Se você já experimentou uma agonia como essa, eu amaria fazer uma pausa bem aqui e lembrar-lhe de algumas coisas que são inabaláveis.

> Graças ao grande amor do Senhor é que não somos consumidos, pois as suas misericórdias são inesgotáveis. Renovam-se cada manhã; grande é a sua fidelidade! (Lamentações 3:22-23).

Quando o inimigo lhe diz que você foi longe demais, e também que você tem de acabar com tudo, que ninguém se importa, você precisa correr para essa fé e fazer dela o seu suporte. O amor inabalável de Deus *nunca* acaba. Suas misericórdias *nunca* terminam. Escreva isso em um cartão e traga-o sempre com você. Leia isso repetidas vezes, até que passe a fazer parte do tecido do seu coração. É possível que essas palavras nem sempre *pareçam* verdadeiras, embora *permaneçam* sempre verdadeiras. Viver pela fé significa puxar o que sentimos para estar de acordo com o que Deus disse. Como mulheres, nossos sentimentos podem nos levar a uma montanha-russa de sentimentos, porém a Palavra de Deus é o cinturão da verdade que nos segura no lugar.

> Todavia, Deus, que é rico em misericórdia, pelo grande amor com que nos amou, deu-nos vida com Cristo, quando ainda estávamos mortos em transgressões — pela graça vocês são salvos [...] Pois vocês são salvos pela graça, por meio da fé, e isto não vem de vocês, é dom de Deus; não por obras, para que ninguém se glorie. Porque somos criação de Deus realizada em Cristo Jesus para fazermos boas obras, as quais Deus preparou antes para nós as praticarmos (Efésios 2:4-5; 8-10).

Que descrição — obra-prima de Deus! Frequentemente, sinto-me mais como uma pintura de Picasso do que de Rembrandt, com um terceiro ouvido saltando do pescoço e minhas pernas comprimidas para trás. Paulo, contudo, permaneceu firme: *O amor de Deus é uma bênção*. Não fizemos nada para merecê-lo e, mesmo estando entre as mentiras do inimigo, nada podemos fazer para perdê-lo.

Os conflitos continuam

Mas você e eu sabemos que questões difíceis persistem — questões bem reais que não nos deixam me paz.

Por que não posso ter um filho?

Por que o Senhor não curou meu marido?

Por que o Senhor não deteve aquele motorista bêbado antes de ele atropelar e matar meu filho?

Colocar o inimigo e suas mentiras no seu devido lugar e permanecer na verdade das promessas de Deus — ambas ações essenciais — não preenche todos os buracos do quebra-cabeças, não é? Algumas peças continuam faltando e, se nós as procurarmos, como haveremos de fazer, não conseguiremos encontrá-las.

Deus permite que coisas terríveis aconteçam.

Ele poderia detê-las e apenas não o faz.

À luz dessas duas realidades dolorosas (que duvido que seriam negadas por aqueles que amam Deus), como nos movemos do desespero para a fé?

Talvez, antes de podermos começar a nos mover, precisamos reconhecer ainda mais uma vez que estamos em guerra. Em nossa cultura influente e relativamente segura, podemos ser facilmente embalados até dormir e esquecermos que existe uma grande batalha acontecendo ao nosso redor.

Quando criança, eu amava ouvir minha mãe contar histórias sobre a vida durante a Segunda Guerra Mundial. Até hoje ela guarda sua caderneta de racionamento. Houve escassez de alimentos durante os seis longos anos em que a nação britânica lutou contra a Alemanha de Hitler. Por isso, itens preciosos como açúcar, manteiga, farinha, ovos e frutas passaram a ser racionados de acordo com o número de indivíduos de cada família. A cada noite, quando o sol começava a se pôr, minha mãe e seus irmãos colocavam cortinas escuras nas janelas, para que os bombardeios alemães não tivessem sequer um vislumbre de luz vindo de uma casa. Ela seguia seu caminho para casa, na volta do serviço das noites de sábado, sem contar com o benefício da iluminação das ruas. Além disso, se ouvisse as sirenes de aviso de ataque aéreo, ela sabia que teria apenas alguns minutos para entrar em um abrigo antes de as bombas começarem a cair.

Há apenas alguns quilômetros de sua casa, havia um campo com prisioneiros de guerra alemães capturados de aviões abatidos ou ao aterrissarem de paraquedas próximo demais dos soldados ingleses. Certa vez, um jovem piloto alemão aterrissou bem no quintal da casa da minha mãe e ela ficou observando os soldados prendê-lo e levá-lo embora.

"Nós nunca esquecíamos, nem por um instante sequer, que estávamos em guerra," diria ela.

Se ao menos eu pudesse dizer o mesmo! Em minha mente — logicamente — sei que estamos em uma guerra espiritual. Mas eu também quero assistir ao último filme em cartaz ou fazer as unhas.

Preocupo-me com coisas como meu filho tendo de fazer lições de casa em excesso ou nossa cadela estar desenvolvendo um cisto na pata. Todos nós temos essas preocupações. Assim é a vida e temos de vivê-la.

Entretanto, temos de manter uma ideia sempre em foco. A cruz nos diz que, embora a guerra tenha fundamentalmente acabado, os conflitos mortais continuarão a existir até a volta de Cristo ou até irmos ao encontro dele. O romancista britânico H.G. Wells cunhou o termo "A guerra que acabará com todas as guerras" e o presidente norte-americano Woodrow Wilson a tornou famosa ao usá-la em sua descrição da Primeira Guerra Mundial. Entretanto, a frase idealista transformou-se rapidamento em motivo de chacota e assim permaneceu por pouco mais de vinte anos após o armistício, quando uma guerra de proporções ainda maiores estourou.

Para nós, a cruz continua sendo a guerra que acaba com todas as guerras, do mesmo modo como o sangue de Cristo derramado se transformou no sacrifício que terminou com todos os sacrifícios. Tudo em que acreditamos como cristãos gira em torno da cruz — embora às vezes esqueçamos o que a cruz realizou e então continuamos a viver como pessoas sem esperança.

Vivendo pela fé na misericórdia de Deus

Em seu livro *Power and Passion* [Poder e paixão], Simon Wells escreveu:

> Às vezes, penso que se perguntássemos ao nosso Pai celestial qual foi a pior parte da crucificação, ele faria uma longa pausa e diria: "O sacrifício do Meu único Filho... que foi metade do que aconteceu." E se esperássemos si-

> lenciosamente e finalmente encontrássemos coragem para perguntar, "Qual foi a outra metade?", ele então responderia: "A outra metade está no fato de terem se passado dois mil anos sem que ninguém tenha entendido."[6]

Não tenho certeza se Deus *realmente* diria algo assim, mas captei a mensagem de Wells. A cruz respondeu inteiramente ao tipo de desespero que Webster descreveu — perder a esperança na misericórdia de Deus —, mas nós temos de *receber* a esperança *pela fé*. Se o correio pudesse entregar esperança, como seria bem mais fácil encontrá-la!

E como devemos ser para sermos chamadas de mulheres de fé? Se você perguntasse isso para a mulher que fui com vinte ou trinta anos, acho que teria dito: "Alguém que jamais duvida de Deus."

Já não acredito mais nisso.

Tampouco concordo que as Escrituras ensinem esse tipo de pensamento.

Veja o que se diz em Hebreus 11 sobre uma mulher que vivera nos tempos de Gênesis:

> Pela fé, Abraão — e também a própria Sara, apesar de estéril e avançada em idade — recebeu poder para gerar um filho, porque considerou fiel aquele que lhe havia feito a promessa. Assim, daquele homem já sem vitalidade originaram-se descendentes tão numerosos como as estrelas do céu e tão incontáveis como a areia da praia do mar (vv. 11-12).

Ao ler essa passagem novamente, nesta manhã, me vi conversando em voz alta com o escritor. Ainda se discute quem escreveu o livro dos Hebreus — Paulo? Barnabé? Lucas? Apolo? Porém, minha pergunta para o autor continua sendo a mesma: "Quanto tempo faz que você leu Gênesis, amigo?"

Basta uma olhadela rápida para ver que Gênesis revela muito mais informação sobre a história de Sara, do que apenas "ela possuía fé e acreditava em Deus". É maravilhoso o fato de o escritor ter se lembrado dela dessa forma, mas nós precisamos ter outro olhar para uma parte decisiva de sua história. Acredite em mim, ela não foi parar em Hebreus 11 da noite para o dia! Se a transformação em uma mulher de fé implica que nós jamais vacilemos nem duvidemos, então Sara nunca teria chegado até as etapas classificatórias. Nós a encontramos pela primeira vez em Gênesis 11.

> Esta é a história da família de Terá: Terá gerou Abrão, Naor e Harã. E Harã gerou Ló. Harã morreu em Ur dos caldeus, sua terra natal, quando ainda vivia Terá, seu pai. Tanto Abrão como Naor casaram-se. O nome da mulher de Abrão era Sarai, e o nome da mulher de Naor era Milca; esta era filha de Harã, pai de Milca e de Iscá (vv. 27-29).

Essa é mais uma genealogia de dar sono. Observe que, ao citar os filhos de Terá, o texto nos fornece os nomes de três meninos: Abrão, Naor e Harã. Você sabia que ele também tinha uma filha chamada Sarai? (A esta altura da história, os nomes deles ainda não tinham sido mudados para Abraão e Sara.) Embora Abrão e Sarai tivessem mães diferentes, Terá era pai de ambos. Naquela época, a cultura não valorizava as filhas tanto quanto os filhos, então Sarai foi listada apenas como sendo esposa de Abrão.

Como se esse insulto não fosse suficiente, note a praga dupla: "Ora, Sarai era estéril; não tinha filhos" (11:30). Então, quem era Sarai? Como as pessoas a identificavam? "Ela é esposa de Abrão e é estéril."

No mundo antigo, a infertilidade era um desastre para uma mulher. Sarai provara o gosto do desespero! Ela conhecia até o tipo descrito por Noah Webster, o da perda da esperança na misericórdia de Deus. Em sua cultura, os filhos eram um sinal de bênção divina, então não ter nenhum significava que Deus a havia amaldiçoado.

Em uma primeira leitura da história de Sarai, podemos facilmente concluir que Deus a contemplou tanto quanto a cultura dominada pelos homens. Até mesmo na primeira chamada para Abrão, nada foi mencionado sobre Sarai:

> Então o Senhor disse a Abrão: "Saia da sua terra, do meio dos seus parentes e da casa de seu pai, e vá para a terra que eu lhe mostrarei. Farei de você um grande povo, e o abençoarei. Tornarei famoso o seu nome, e você será uma bênção. Abençoarei os que o abençoarem e amaldiçoarei os que o amaldiçoarem; e por meio de você todos os povos da terra serão abençoados" (Gênesis 12:1-3).

Note quantas vezes Deus usa a palavra *você*. Não "você e Sarai", mas apenas "você". Se estiver pensando, *isso não quer dizer nada. É evidente que Deus estava se referindo aos dois; afinal de contas, ela era esposa dele!* Verdade. No entanto, você lembra que, nesse ponto da história, Abrão tem setenta anos de idade e ela está com 65 anos? Como seria possível para uma mulher dessa idade, que nunca concebera um filho, pensar que *ela* poderia ser incluída em uma promessa como aquela? E se tal promessa (que claramente parecia excluí-la) parecesse suficiente para levar Sarai ao desespero, tudo seria muito pior.

Com o passar dos anos, Abraão quis saber o que aconteceria a tudo que ele possuía, se ele não tivesse herdeiros. Mas Deus deixou claro que ele teria um filho.

> Então o Senhor deu-lhe a seguinte resposta: "Seu herdeiro não será esse. Um filho gerado por você mesmo será o seu herdeiro" (Gênesis 15:4).

Sara havia permitido que ocorressem muitas coisas que nunca deveriam ter acontecido. Ela aceitou que Abraão a entregasse ao rei do Egito, fazendo-a se passar por sua irmã (uma meia-verdade). Mas isso ainda não era suficiente para uma "mulher de fé"! E quando ouviu de Abraão que Deus havia lhe prometido um herdeiro, Sara entrou em desespero.

O desespero pode nos induzir a fazer loucuras. Você já passou por isso? Você sabe que Deus prometeu atender as suas necessidades, mas o *timing* dele é radicalmente diferente do seu e, assim, você recebe tudo no tempo dele. Uma amiga ficou tão cansada de esperar por um marido cristão que deu um passo adiante e se casou com um sujeito sem fé. Eu podia ver o desespero cravado nas pequenas rugas que haviam ao redor dos olhos dela. O desespero nos faz pensar:

Se eu não me casar agora, jamais conseguirei ter filhos.
Se eu não der a este homem aquilo que ele deseja, irei perdê-lo.
Se eu não fizer nada, jamais terei uma chance como esta outra vez.

Minha amiga então assumiu um compromisso com muitos anos de sofrimento. Assim como Sara.

Na época de Sara, a cultura aceitava a substituição da maternidade, por isso ela apressou Abraão a dormir com sua escrava, Hagar. Ele assim o fez e, passados nove meses, Hagar deu à luz um menino, Ismael. Você pode ler a história completa em Gênesis 15, mas pode resumir em uma palavra a decisão tomada.

Desastre!

Embora todos considerassem o menino como sendo filho de Abraão, ninguém o reconhecia como sendo filho de Sara. Ismael foi para a casa dela quando Sara estava com 76 anos — e se seguiram 13 anos de silêncio.

Silêncio. Existe algo mais difícil de lidar? Por 13 longos e torturantes anos, Sara teve de ver Abraão brincar com um menino que não era dela.

Deus se esqueceu de mim.

Ajoelhada, você faz seus pedidos urgentes diante de Deus. E o que recebe? Silêncio.

Você ora por um marido. Silêncio.

Você implora por filho. Silêncio.

Você precisa de um emprego. Silêncio.

Você pede a Deus um sinal de que ele está com você. Silêncio.

O silêncio é parecido com uma reclusão solitária. Você bate em uma porta que nunca se abre. Você telefona para um número que, após ser chamado várias vezes, nunca é atendido, nem mesmo por uma secretária eletrônica. Você grita em um desfiladeiro e tudo que ouve de volta é um eco. Você se senta sozinha, no escuro, e nem sequer os grilos lhe fazem companhia. Sara não podia fazer nada enquanto os anos silenciosos seguiam sua marcha.

Você entendeu por que eu questionei o autor do livro dos Hebreus? Não há nada que seja significativo o bastante para qualificar Sara para a calçada da fama... Mas há algo de grandioso sobre ela.

Nós enxergamos nossas falhas e nossa falta de fé, mas *Deus* vê aquilo em que nos tornaremos enquanto seu espírito trabalha fervorosamente nas peças quebradas de nossa vida. O *timing* de Deus sempre corresponde perfeitamente aos planos dele, ainda que algumas vezes siga vagarosamente adiante dos nossos — algo que Sara estava prestes a perceber.

> Disse também Deus a Abraão: "De agora em diante sua mulher já não se chamará Sarai; seu nome será Sara: eu a abençoarei e também por meio dela darei a você um filho. Sim, eu a abençoarei e dela procederão nações e reis de povos" (Gênesis 17:15-16).

Finalmente, Deus mencionou o nome dela!

Os arquivos dela *não* foram perdidos em algum escritório nos fundos do Paraíso. Sara, com 89 anos, enfim soube do plano que Deus criara há muito tempo. Ela engravidou de Isaac, a quem deu à luz com 90 anos de idade. Imagine se uma coisa dessas acontecesse hoje. Ela apareceria no show de horrores!

Sara foi uma mulher de fé, a qual resistiu a tempestades da vida que não diferem daquelas que atormentam a cada uma de nós. Uma mulher de fé se agarra sem medo à verdade, mesmo quando nada parece fazer sentido para ela, sabendo que sua fé permanece (e repousa) no trabalho concluído de Cristo.

Então, o que poderia fazer a mãe cujo filho manteve a esperança enquanto pôde, antes de acabar com a própria vida? Que resposta ela poderia dar quando o inimigo, mentindo, diz: *Está tudo acabado*? Eu recomendo um *"não!"* bem dado. Por Jesus, nós podemos perder uma batalha, mas continuamos vencendo a guerra.

ATRAVESSANDO SUA TEMPESTADE

Assim, o que você e eu podemos extrair da história de Sara?

1. Sara nos ensina a não deixar o desespero tomar decisões em nosso lugar. Quando você sentir aquele pânico iminente que agita a sua alma, insistindo que você *tem* de fazer alguma coisa agora ou então irá explodir, pare. Espere em Deus. Peça a ele para restaurar a esperança no meio da tempestade.

Você sabe como Davi costumava falar consigo mesmo quando sentia o vento frio do desespero bater no rosto?

> Por que você está assim tão triste, ó minha alma? Por que está assim tão perturbada dentro de mim? Ponha a sua esperança em Deus! Pois ainda o louvarei; ele é o meu Salvador e o meu Deus. A minha alma está profundamente triste; por isso de ti me lembro desde a terra do Jordão, das alturas do Hermom, desde o monte Mizar (Salmos 42:5-6).

2. Quando você sentir que não consegue suportar nem mais um instante, lembre-se então das palavras de Paulo: "Não sobreveio a vocês tentação que não fosse comum aos homens. E Deus é fiel; ele não permitirá que vocês sejam tentados além do que podem suportar. Mas, quando forem tentados, ele mesmo lhes providenciará um escape, para que o possam suportar" (1Coríntios 10:13).

3. Do mesmo modo como Deus sempre guardou Sara em suas mãos amorosas e misericordiosas, também ele tem um abraço verdadeiro e forte para você. Para os momentos em que você se sente esmagada pelo desespero, Pedro nos lembra: "Lancem sobre ele toda a sua ansiedade, porque ele tem cuidado de vocês" (1Pedro 5:7).
4. O meio mais poderoso de colocar o desespero em seu devido lugar é construir uma convicção sólida, no fundo de seu ser, acerca da realidade do Paraíso, e *não* apenas reconhecer de forma passageira um lugar melhor algum dia. É isso que Paulo queria dizer quando escreveu:

> De todos os lados somos pressionados, mas não desanimados; ficamos perplexos, mas não desesperados; somos perseguidos, mas não abandonados; abatidos, mas não destruídos. Trazemos sempre em nosso corpo o morrer de Jesus, para que a vida de Jesus também seja revelada em nosso corpo (2Coríntios 4:8-10).

Essa é a nossa esperança eterna! E a misericórdia de Deus é a nossa eterna companhia.

> Deus Pai,
> Acredito que o desespero na cruz foi tratado com um sopro letal. Mas, às vezes, ele recai sobre mim e eu sinto minha esperança afundar. Ajude-me a lembrar qual *é* a verdade, não importa o que *pareça* verdadeiro em dado momento. Obrigada por minha esperança estar em ti e por tu jamais me abandonares.
> Amém.

CAPÍTULO 10

EM UM DIA CLARO, CONSEGUIMOS VER A CASA

DA RAIVA À RESTAURAÇÃO

Fiquei bravo com meu amigo:
Eu disse que minha raiva, minha raiva acabou.
Fiquei bravo com meu inimigo:
Eu disse não, a minha raiva aumentou.

— WILLIAM BLAKE, *CANÇÕES DA INOCÊNCIA E DA EXPERIÊNCIA*

Portanto, cada um de vocês deve abandonar a mentira e falar a verdade ao seu próximo, pois todos somos membros de um mesmo corpo. Quando vocês ficarem irados, não pequem. Apaziguem a sua ira antes que o sol se ponha, e não deem lugar ao Diabo.

— EFÉSIOS 4:25-27

Aos cinco anos, nosso filho Christian desenvolveu um mecanismo de defesa que nos deixou surpresos e preocupados.

Quando ele se sentia frustrado, prendia a respiração, estufava suas pequenas bochechas e cerrava os punhos até ficar tão vermelho que parecia estar prestes a estourar. Eu tentava fazê-lo parar com aquilo, mas ele se apegara tanto ao novo comportamento que chegava a ficar se olhando no espelho, como um ator ensaiando para a estreia.

"Querido, por que você fica prendendo a respiração?", perguntei-lhe um dia durante o café da manhã.

Ele olhou para mim, com aqueles olhos castanhos grandes e emotivos, e disse: "Mamãe, você nunca sentiu que, quando uma coisa não muda, você tem vontade de explodir?"

Eu sinto isso até hoje. Às vezes todos nós sentimos. Eu entendi totalmente de onde ele havia tirado aquilo, mesmo que aos cinco anos de idade.

Um dos maiores desafios quando se vive em um planeta transgredido é que diversas circunstâncias nos fazem sentir que podemos simplesmente explodir se não houver nenhuma mudança. Quando você sente como se seus filhos tivessem sido tratados de forma injusta na escola, seu marido estivesse sendo preterido para uma promoção no trabalho, ou determinada pessoa continuasse sendo solicitada a fazer coisas na igreja quando tantas outras parecem estar igualmente dispostas e terem a mesma capacidade; a vida é mais do que a sua cota de momentos inflamáveis.

Certa vez, recebi um telefonema irado de uma mãe cuja filha fora para escola com Christian. Ela mal conseguia falar comigo em meio à raiva e às lágrimas. Ela disse de modo confuso que Christian lançou uma bola para o amigo dele, mas errou o alvo e acertou a filha dela, que estava em um balanço. A menina estava bem, mas sua mãe parecia estar fora de si. Eu a deixei falar até que ela colocasse toda a sua fúria para fora e, então, disse-lhe que checaria o que aconteceu. Quando perguntei se eu podia orar por ela, ela começou a soluçar.

Há momentos em que basta uma pequena atitude para nos tirar do sério. Quando somos "acumuladoras" — e muitas de nós somos —, vamos empurrando para o fundo do coração um ataque após o outro, e a pilha vai aumentando cada vez mais. Até que uma pequena fagulha a atinge e BAM!

Lágrimas de frustração muitas vezes acompanham esses momentos, pois sabemos que algo mais está acontecendo dentro de nós, além do fato de, pela terceira vez na mesma semana, várias meias terem ido misteriosamente para o planeta das meias desaparecidas. Quando não lidamos devidamente com a frustração, ela pode virar uma irritação que, se for ignorada, tende a caminhar súbita e inesperadamente para fúria.

Quantas das discussões que você tem com seu marido e seus filhos parecem um tanto fora de controle, desproporcionais? Sim, você se aborrece quando seu filho adolescente larga sanduíches fossilizados no quarto e seu marido parece nunca ser capaz de pegar aquela cueca jogada chão e colocá-la na cesta de roupa suja. Entretanto, a forma como nos sentimos em relação a essas situações muitas vezes indica que há muito mais furúnculos e bolhas por baixo da superfície.

E isso muito raramente se trata da "raiva da cueca".

A frustração pode abrir a porta para a irritação e a raiva. Quando nos sentimos impotentes, achamos fácil demais acumular as nossas emoções no fundo do porão da nossa alma. Mas ao fazermos isso, estamos apenas alimentando aquilo que minha amiga (e dramaturga)

Nicole Johnson chama de "depósitos de combustível". Nós involuntariamente saturamos as nossas almas com catalisadores. Deus tenha misericórdia daquele que inocentemente acende um fósforo no topo da pilha!

Uma estrada para lugares mais sombrios

Um sentimento mais forte de frustração e raiva pode levar a lugares bem mais sombrios do que quando você perde o seu celular. Estudos recentes sobre violência e *bullying* na escola relatam histórias jovens que sentem como se não tivessem voz.

> A maioria dos estudantes envolvidos em atos de violência nas escolas, desde Columbine até o ato mais recente ocorrido em Elmira, Nova York, em que um aluno trouxe bombas e balas de revólver para a escola, era alienada e desprovida do sentimento de pertencimento, seja em relação à escola ou aos outros alunos. A alienação, o isolamento e o abuso verbal alimentam em uma pessoa a raiva e (contribuem para) uma hostilidade latente — um sentimento de "pegar" mesmo quando ninguém está olhando.[1]

Desde o massacre ocorrido em Newtown, Connecticut, a incidência de insultos públicos é hoje a mais alta de todos os tempos. Quando alguma coisa não faz sentido para nós, temos uma necessidade inata de apontar um dedo, encontrar um motivo para explicar porque tal despropósito aconteceu. Quando temos alguém para culpar, nos sentimos um pouco mais no controle da situação. E se pudermos punir essa pessoa, talvez as coisas ruins não voltem a acontecer. Nos dias que se seguiram ao tiroteio na Sandy Hook Elementary School, cidadãos indignados montaram palcos de vários tipos para fazer discursos apaixonados e convincentes.

"Precisamos de um controle de armas adequado!"
"As balas não matam pessoas... Pessoas matam pessoas."
"Tiraram Deus de nossas escolas, é nisso que dá!"

Não importa o que está certo ou errado nesses argumentos, é difícil ouvir discursos apaixonados enquanto famílias enterram seus filhos.

É fácil e tentador simplesmente dar uma conotação política à raiva que conduz a tragédias como essas, mas não se trata de uma questão partidária — é uma doença do coração humano.

O que Deus diz sobre a raiva?

Tenho dito que nós encontramos nossa esperança no trono da misericórdia, mas nós, como mulheres cristãs, deixamos nossa raiva lá?

A irritação tende a nos fazer sentir desconfortáveis. Nossa sociedade, porém, vê mais frequentemente um homem nervoso como uma pessoa passional e forte, e uma mulher nervosa como alguém fora de controle (atribuindo-lhe muitas vezes adjetivos relacionados a "uma pessoa má").

A Palavra de Deus tem muito a dizer sobre a raiva. Ela retrata a raiva como sendo algo justificável e também injustificável.

Vemos um exemplo de raiva justa quando Moisés voltou do monte Sinai após ter recebido os Dez Mandamentos. A raiva dele ardeu quando ele viu a cena da adoração barulhenta de um ídolo entre seu povo.

> Quando Moisés aproximou-se do acampamento e viu o bezerro e as danças, irou-se e jogou as tábuas no chão, ao pé do monte, quebrando-as. Pegou o bezerro que eles tinham feito e o destruiu no fogo; depois de moê-lo até virar pó, espalhou-o na água e fez com que os israelitas a bebessem (Êxodo 32:19-20).

No início da vida do rei Saul, vemos que o Espírito Santo pode incitar a raiva: "Quando Saul ouviu isso, o Espírito de Deus apoderou-se dele, e ele ficou furioso" (1Samuel 11:6).

Na vida de Cristo, vemos a raiva justa perfeitamente retratada:

> Jesus disse ao homem da mão atrofiada: "Levante-se e venha para o meio." Depois, Jesus lhes perguntou: "O que é permitido fazer no sábado: o bem ou o mal, salvar a vida ou matar?" Mas eles permaneceram em silêncio. Irado, olhou para os que estavam à sua volta e, profundamente entristecido por causa do coração endurecido deles, disse ao homem: "Estenda a mão." Ele a estendeu, e ela foi restaurada (Marcos 3:3-5).

Jesus irritou-se com o fato de as letras da lei terem tomado o lugar da misericórdia. E o enfurecia que aqueles a quem Deus ordenara para servirem como canais da misericórdia divina tivessem se desviado totalmente do que tinham a fazer.

As Escrituras também nos fornecem um modelo para reconhecer a raiva descontrolada e sem inspiração divina:

> Abel, por sua vez, trouxe as partes gordas das primeiras crias do seu rebanho. O Senhor aceitou com agrado Abel e sua oferta, mas não aceitou Caim e sua oferta. Por isso Caim se enfureceu e o seu rosto se transtornou. O Senhor disse a

> Caim: "Por que você está furioso? Por que se transtornou o seu rosto? Se você fizer o bem, não será aceito? Mas se não o fizer, saiba que o pecado o ameaça à porta; ele deseja conquistá-lo, mas você deve dominá-lo" (Gênesis 4:4-7).

Comentaristas sugeriram várias razões para explicar porque Deus não aceitou a oferta de Caim. Alguns dizem que ele cometeu o erro de não oferecer um sacrifício de sangue. Entretanto, até mesmo a Lei Mosaica, introduzida muito tempo depois, estabelecia muitos sacrifícios sem envolvimento de sangue. Minha teoria é a de que o coração de Caim tendia a ser torto, assim como os caminhos a que poderia conduzir. Deus viu a competição ímpia incitada no coração de Caim e também aonde isso poderia levar. Então, Deus alertou a Caim e deu-lhe uma chance para mudar, a qual ele recusou. Assim, em vez de dominar a sua ira, foi dominado por ela e isso o levou a assassinar o irmão.

As Escrituras associam claramente a capacidade de dominar a raiva com a submissão ao Espírito Santo. Quanto mais duros os nossos corações se tornam contra a voz que nos chama para voltar de joelhos ao coração do Pai, mais caminhamos para longe da graça e da salvação.

Vemos esse princípio ilustrado na vida do rei Saul, em uma das maiores tragédias do Antigo Testamento.

A conexão ciúme-raiva

Saul, o primeiro rei de Israel, era respeitado por todos. Entretanto, os inimigos conheciam as fraquezas de Saul e jogavam ferozmente com isso. O lado fútil de Saul tinha um traço de ciúme — e o ciúme, quando reina livremente, leva ao desastre.

Um menino pastor, cujo nome era Davi, certa vez aproximou-se de Saul e lhe disse que, embora o medo impedisse que todos os soldados do exército do rei lutassem contra Golias, ele lutaria com o gigante. Ele enfrentou o bizarro monstro sozinho e o derrubou com apenas uma pedra, atirada estrategicamente entre os olhos dele. Davi cresceu amando Saul, e ao ver o rei lutando contra seus demônios interiores, tocava sua harpa e provia a adoração inspirada pelo Espírito para acalmar o rei e restaurar a esperança.

Saul poderia ser e efetivamente viria a ser um rei magnífico.

Mas se Deus tinha um plano para a vida dele, o inimigo também o tinha. E os dois esquemas eram tão diferentes quanto será água e o vinho. Satanás pretendia destruir Saul e, ao mesmo tempo, derrubar Davi, que era o escolhido por Deus. Só posso imaginar a sujeira que ele atirava sobre o rei Saul.

Vê aquele menino?
Ele quer tomar o seu lugar. Veja como seu povo o ama!
A cada dia, ele se torna mais popular — você terá de fazer algo a respeito disso.

Deixe-me dizer novamente: o ciúme, quando reina livremente, sempre conduz ao desastre. A Bíblia recorda o modo como Saul deixou seu pensamento ser tão poluído pelas mentiras satânicas, a ponto de se tornar incapaz de discernir o que era verdade.

> A ira de Saul se acendeu contra Jônatas, e ele lhe disse: "Filho de uma mulher perversa e rebelde! Será que eu não sei que você tem apoiado o filho de Jessé para a sua própria vergonha e para vergonha daquela que o deu à luz?

> Enquanto o filho de Jessé viver, nem você nem seu reino serão estabelecidos. Agora mande chamá-lo e traga-o a mim, pois ele deve morrer!" Jônatas perguntou a seu pai: "Por que ele deve morrer? O que ele fez?" Então Saul atirou sua lança contra Jônatas para matá-lo. E assim Jônatas viu que seu pai estava mesmo decidido a matar Davi (1Samuel 20:30-33).

A raiva descontrolada, estimulada pelo inimigo de Deus, sempre nos derruba. Considere agora um dos versículos mais tristes de toda a escritura: "O Espírito do Senhor se retirou de Saul, e um espírito maligno, vindo da parte do Senhor, o atormentava" (1Samuel 16:14). Saul recusava-se a ajoelhar perante Deus e o Senhor o deixou para que fervesse na própria ira.

Quando resistimos ao Espírito e nos submetemos à própria humanidade transgredida, nós sempre perdemos. Saul esqueceu que servia a um Deus soberano. Ele esqueceu que enquanto Deus não acabasse com ele, não importava quantos exércitos marchassem para atacá-lo, pois ele sempre prevaleceria.

Nós desviamos nossos olhos de nosso Pai, por nossa própria conta e risco. Quando nossos corações endurecem, como aconteceu com Saul, e recusamos a misericórdia e a graça de Deus, perdemos algo mais na barganha: a benevolência e a verdade de Deus.

Saul não tinha mais motivo para viver. O medo do homem substituíra o temor a Deus — uma troca mortal. Enquanto o temor a Deus nos conduz a uma condição de segurança e força, o medo do homem leva inevitavelmente ao desolamento e ao terror.

> Então Saul ordenou ao seu escudeiro: "Tire sua espada e mate-me com ela, senão sofrerei a vergonha de cair nas mãos desses incircuncisos." Mas seu escudeiro estava apavorado e não quis fazê-lo. Saul, então, pegou sua própria espada e jogou-se sobre ela (1Samuel 31:4).

Quando o ciúme ou a raiva nos cercam — e há chances de que, em algum momento, eles invadam as nossas vidas — precisamos nos lembrar de onde eles vêm e correr para Deus em busca de ajuda. Como mulheres, nós temos que conscientemente, pela graça de Deus, lutar contra essa fera. O ciúme é um inimigo feroz, que muitas vezes se faz passar por protetor. Nem sempre é fácil reconhecer as mentiras do inimigo.

Por que ela recebe toda a atenção enquanto Deus lhe deu tanto para dizer?
Você deve falar e colocá-la em seu devido lugar... Para o bem de toda a igreja.

Cair nas mentiras que levam à separação e à destruição produz morte espiritual dentro de nós. Assim como Saul, nós temos de escolher: cairemos sobre nossa espada ou sobre a misericórdia de Deus? Trazer esse aspecto da nossa humanidade para a soberania de Deus pode fazer a diferença entre vida e morte espiritual para cada uma de nós. O ciúme é uma farpa envenenada apontando direto das profundezas do inferno, e nós permitimos que ele resida dentro de nós por nossa conta e risco.

O que fazer com a raiva

Enquanto escrevo, olho várias mensagens de e-mail, todas relacionadas à raiva. Veja a dor e a tensão contidas em uma delas:

> Eu me divorciei do meu marido porque ele tinha um relacionamento extraconjugal. Eu estava com muita raiva. Então, depois que descobri esse relacionamento que ele mantinha, eu também me envolvi em um relacionamento extraconjugal, pois senti que merecia arruinar a vida de outra pessoa. Eu arruinei mesmo foi minha vida.

Gostaria que essa fosse a única mensagem desse tipo, mas recebi muitas outras:

> Sinto tanta raiva e amargura. Não posso e não quero perdoar.
>
> Não consigo acreditar que meu marido me enganava. Fiquei com tanta raiva que esmurrei a parede do nosso quarto e acabei na emergência do pronto-socorro.
>
> Sinto tanto ódio em relação a outras pessoas. Minha vida é uma bagunça, então eu volto a buscar ajuda nas drogas. Estou perdida.
>
> Trago muita revolta dentro mim, por causa da deficiência com que nasci. Tanta dor, rancor, vergonha... É a minha incapacidade de conviver com minha deficiência.
>
> Estou com muita raiva do meu pai por ter ido embora quando eu ainda era jovem. Nunca o perdoarei.

O que devemos fazer com esses "depósitos de combustível"? As Escrituras nos falam de três ações decisivas:

1. Ir devagar com a raiva (Tiago 1:19).
2. Sentir raiva, mas sem pecar (Efésios 4:26).
3. Afastar a raiva (Efésios 4:31).

Mas *como*? Como fazemos isso? Como obedecer? Quando a raiva ferve dentro de nós, remoendo e ameaçando entrar em erupção como um vulcão adormecido, como podemos sair da beira do abismo? Como podemos nos alinhar à Palavra de Deus novamente? Como podemos sequer descobrir de onde vem essa raiva?

Deixe-me contar a você uma história sobre uma mulher que estimo bastante. Ela permitiu que eu contasse sua história. Seu nome é Davina.

Ato 1

Davina não se sentia entusiasmada com seu nome. Era o nome de sua avó paterna que, pelo que todos dizem, foi uma mulher fora do comum.

Certo dia, ela perguntou a sua mãe: "Por que você me deu o nome de uma mulher que foi tão desprezível e malvada?"

"Bem, o nome da sua irmã foi uma homenagem a minha mãe, então isso me pareceu a coisa certa a fazer", respondeu sua mãe.

Graças a Deus que minha avó não se chamava Adolf Hitler, do contrário sabe Deus que nome meu irmão teria de carregar!, pensou ela.

Davina *pensou* muitas coisas que não disse em voz alta. Há tempos ela perdera esse direito, quando arruinou a vida de todos os seus familiares. Ela não teve intenção — e as crianças raramente têm —, mas acabou acontecendo.

Sempre que o pai ficava mal humorado, ela se tornava mais vigilante. Ela achava que tinha obrigação de conter e absorver a raiva dele, pois o conhecia e amava como ninguém. Certo dia, porém, tudo mudou. Era o máximo com que uma criança de cinco anos podia lidar. Naquele dia, ele ficou furioso e quis acabar com ela, mas Davina revidou — uma decisão que lhe causou arrependimento durante a maior parte de sua vida. As autoridades o levaram de casa e ele, desesperado, se suicidou. Ninguém contou a Davina exatamente o que havia acontecido. Ela apenas soube que, um dia, sua mãe chegou em casa usando vestido e chapéu pretos, tirou todas as fotos que estavam na parede e na escrivaninha, e colocou-as dentro de uma pasta, embaixo da cama. Ela sabia que sua mãe nunca usava preto... Ela detestava se ver vestida de preto.

Aquele deve ter sido um dia cheio de ódio, pensou Davina.

Ato 2

O ato 2 começou como se o ato 1 nunca tivesse acontecido. Ninguém comentava o incidente. Davina imaginava que todos falavam sobre aquilo, mas paravam de falar sempre que ela entrava no recinto. E ela sabia que a conversa era interrompida porque a culpa do que aconteceu era dela.

Ninguém jamais disse abertamente que de fato a *culpava*. Eles apenas pareciam estar tristes o tempo todo e isso era muito pior. Então, ela trabalhou duro para tornar a vida mais fácil para todos. Mesmo quando alguém lhe dizia para não fazer tudo sozinha, ela fazia. Ela tinha de fazer, certo? Ela perdera o direito de falar por causa do que fizera. Uma vida inteira não seria o suficiente para compensar aquela falta.

Na noite em que Davina entregou sua vida a Cristo, conseguiu muito mais do que aquilo que pedira. Deus deu a Davina uma segunda chance. Naquela noite, ela descobriu que não só tinha uma relação com Jesus como também tinha um novo Pai. E ela *não* falharia com esse Pai, *não importa o que acontecesse.*

Não importa o que acontecesse.

Não importa *o que* acontecesse!

Ato 3

Se olhasse no espelho, Davina poderia ver porque os outros a consideravam uma mulher adulta. Ela usava um disfarce e conhecia todas as suas facetas. "É claro que faço isso. Sem problemas."

"Eles não apareceram? Não se preocupe... Farei isso."

"Você tem razão. Hoje não fiz nada direito. *Desculpe.*"

"Entendo totalmente porque você acha difícil me amar. Eu também acho."

Contida. Davina gostava dessa palavra. O mundo parecia mais seguro quando ela estava dentro de algum lugar, contida em algum lugar. É verdade que também parecia um pouco mais frio e solitário. Mas aquilo parecia ser justo para alguém que fizera o que ela tinha feito.

Segura
Contida
Continue sorrindo
Diga sim!

Ato 4

Cansada. Davina sentia-se cansada *demais*. Sua vida foi ficando cada vez mais e mais difícil. Ela ficou parada, de pé, em frente ao caixa eletrônico do banco, olhando fixamente para o teclado de números.

Quais são os quatro dígitos? Vamos, você sabe.

Ela ficou observando o caixa engolir seu cartão... E sabia que aquilo era só o começo. Ela era uma mulher adulta que não conseguia lembrar quatro dígitos simples. Ela estava começando a se desintegrar ali mesmo.

Sussurros a seguiam por toda parte. Alguns olhares fixos pareciam simpáticos, outros pareciam estar vendo uma mulher estranha. Uma pergunta continuava sem resposta: "O que acontece no circo quando o show termina?" As luzes se apagam.

Ato 5

"Quero que você olhe para esse cartaz e descreva as emoções que está sentindo neste exato momento." Davina tentava se concentrar na voz do médico. Olhou para o cartaz, que aparentemente estava em uma língua diferente.

Vergonha
Medo
Solidão
Raiva
Tristeza

"Eu não sei o que você quer dizer", disse ela por fim, cansada demais para tentar fazer aquilo direito.

"Quando você olha para isso", explicou ele, "sente-se triste... Com medo? O que você está sentindo agora?"

Davina olhou para o cartaz e, em seguida, para o médico. "Não estou sentindo nada." Mas ele não a deixaria ir.

Ela devia ter lhe avisado.

Ninguém lhe falara sobre ela? Ela simplesmente não iria parar.

Davina pegou uma cadeira e a atirou pela sala com força suficiente para deter um exército. "*É assim* que me sinto", rugiu ela. "É o bastante?"

"Muito bom", respondeu ele com o sorriso mais doce que ela já tinha visto. "Agora, podemos começar."

Ato 6

"Meu nome é Sheila Davina Walsh e não sei por que estou aqui." Essa foi minha frase de apresentação na primeira manhã em que participei do grupo religioso, com mais dez pacientes. As frases de apresentação deles soaram muito melhores.

"Sou o João e estou aqui porque tentei o suicídio porque... acho que sou *gay* e não sei o que fazer em relação a isso."

"Sou Sara e estou aqui porque não quero comer. Acho que sou gorda, mas estou pesando 41,7 kg."

Aquela foi a primeira manhã da minha jornada de volta à vida, da raiva para a restauração.

A verdade é que eu vivia com uma raiva e um medo enterrados, desde os cinco anos de idade. Eu nunca parecia estar com raiva nem com medo. Aprendi a esconder esses sentimentos que, todavia, sempre estiveram por baixo da superfície. A doença do meu pai e seu consequente comportamento violento não tinham nada a ver comigo, mas eu o amava com todo o meu coração de uma criança de cinco anos. Então, não "peguei" aquilo. Eu sabia apenas que, em vez de deixá-lo bater com a bengala na minha cabeça, eu a puxei e a tirei dele, e ele caiu no chão, gritando como um animal. Naquele dia, homens vestindo avental branco o levaram embora e ele morreu, aos 34 anos, no rio que ficava atrás do hospital psiquiátrico para onde ele fora levado como paciente.

Eu *sabia* que fora culpa minha. Se eu apenas tivesse ficado em pé, parada, e levado a bengalada, minha mãe ainda teria um marido e meu irmão e minha irmã ainda teriam um pai. Mas eu escolhi viver... E tive de pagar por aquela decisão. Enquanto crescia, continuava a acreditar nisso. Entretanto, uma parte de mim estava ferozmente zangada por eu acreditar naquilo.

> Ao peso deste momento triste, temos de obedecer.
> Falar o que sentimos, não o que deveríamos dizer.
>
> — WILLIAM SHAKESPEARE, *REI LEAR*

A verdade é que coisas ruins acontecem neste mundo, e nós muitas vezes tomamos a carga sobre os próprios ombros. Isso quase nos mata. E quase me levou.

Senti-me zangada por meu pai ter me ferido.

Senti-me zangada por aqueles homens o terem levado embora e eu ter de viver em uma família na qual faltava uma peça tão importante.

Senti raiva por ele ter se matado e me deixado sofrer as consequências de sua escolha.

Entretanto, senti principalmente raiva de mim mesma por ter abandonado aquela destemida menina de cinco anos que ousou revidar. Eu a puni por ter sobrevivido, trancando-a dentro do porão.

Você sabe qual foi o maior presente que recebi durante o mês em que fiquei internada no hospital psiquiátrico? Comecei a entender que não havia problema em ser apenas um ser humano e dizer a verdade, antes de a vergonha me consumir.

Meu médico sugeriu que eu escrevesse uma carta ao meu pai. Lembrei a ele que meu pai tinha morrido há algum tempo, mas ele insistiu.

"Escreva. Não fique se editando. Deixe fluir."

No início, me senti tola. Entretanto, conforme comecei a escrever, parecia que eu era um rio livre e desimpedido. O rio começou a fluir e escrevi tudo o que tinha a dizer a meu pai. Quando terminei, tive certa dificuldade para ler uma parte do que escrevi, pois as lágrimas haviam borrado as páginas. Eu nunca fizera algo tão honesto — e sabia que queria voltar para onde tudo começara. Até então, eu nunca visitara a sepultura do meu pai. Minha mãe foi lá uma única vez: no dia em que o enterrou. E ela nunca mais foi visitá-lo outra vez.

Fui de avião para casa, na Escócia, para descobrir que na sepultura de meu pai faltava a lápide. Mamãe esquecera em que local, naquele vasto cemitério, haviam enterrado o corpo dele. Pensei ter esbarrado em uma parede de tijolos, mas descobri nos registros da nossa cidade um número de lote de cemitério atribuído ao meu pai.

Achei o lugar.

Lembro-me daquele dia como fosse ontem. Sentei ao lado do pequeno pedaço de terra que serviu de lugar de descanso final do meu pai. Li a carta em voz alta e, ao terminar, minha cabeça repousava sobre a grama. Tudo que consegui dizer foi "Lamento muito, pai!"

Entretanto, daquela vez, foi um "lamento" diferente. Não lamentei por eu ter sobrevivido, mas lamentei por ele ter sofrido e por sua doença. E perdoei a nós dois. Naquele dia, parti com meu pai e meu relacionamento com ele fora restaurado, mais de trinta anos após ele ter se destruído quando eu tinha cinco anos.

Durante anos, tive medo de me permitir ficar com raiva por causa de onde isso poderia me levar. Não entendia que o maior perigo existe quando não lidamos com nossas questões, mas guardamos o sentimento nas profundezas dos porões de nossa alma. Eu pensava que era bom conter aquela raiva, mas acabei contendo tudo — alegria, paz, amor e vida.

Alguns motivos me levaram a deixar para o último capítulo o tópico sobre mudança da raiva para restauração.

Um dos motivos é profundamente pessoal. Durante anos, acreditei na mentira do inimigo que me dizia ter sido no momento em que me deixei revidar e viver que acabei destruindo a minha família. Era como se eu escolhesse induzir meu coração a permanecer em coma. Um amigo foi mantido em coma induzido por alguns dias para que seu corpo pudesse se recuperar de uma lesão traumática. Conforme ele começou a se curar, os médicos o tiraram do coma. Porém, quando você faz isso consigo mesma, fica impedida de prosseguir. Pelo menos, era isso que eu pensava. Eu estava enganada. Existe um Grande Médico que é mais forte e mais misericordioso do que jamais conseguiremos entender. Ele é aquele que traz o que está morto de volta à vida. Sou testemunha dessa verdade.

O segundo motivo que me fez deixar tudo isso para o final foi ter esperança de que você agora possa ter um pouco de confiança em mim, pois é difícil lidar com esse assunto e, mesmo assim, o tempo todo, conheço mulheres que são exatamente como eu fui. A raiva está contida, mas escapa agora e sempre escapará. Dentre todas as emoções com as quais lidamos, como mulheres, essa é a mais poderosa e a mais difícil de abordar em uma conversa. Quando sentimos que a raiva começa a se agitar, é como um vórtice, um turbilhão capaz de nos arrastar para o fundo, onde não sobreviveremos. Eu conheço esses sentimentos. Sei que há dias em que você quer esmurrar a parede e, no entanto, apenas lava mais uma cesta de roupa suja e segue adiante. A raiva nos assusta.

E se nós a descontarmos em nossos filhos?

E se dissermos e/ou fizermos algo que não pode ser desfeito? E se arruinarmos tudo?

E se a tempestade dentro de nós for grande demais para ser contida?

Vamos parar por aqui, meninas, e declarar juntas que isso é mentira vinda das profundezas do inferno. O inimigo quer nos manter na prisão da raiva, embaixo d'água, acreditando que estamos perdidas e sem esperança.

Nós não estamos perdidas.

Não estamos sem esperanças.

Nós fomos redimidas.

Cristo pagou tudo para que pudéssemos viver e não apenas sobreviver — viver!

Aos 16 anos, atuei em uma peça escolar sobre as emoções na alma de um homem que estava prestes a cometer um assassinato. Representei o papel da raiva. Achei o papel claustrofóbico, pois vesti uma rede vermelha drapeada da cabeça aos pés, amarrada em torno dos meus tornozelos, que apertava quando eu andava. O dramaturgo compôs a peça para que ninguém que estivesse no palco pudesse me controlar. Sentir medo era pouco, eu transmitia pânico. A lógica era fria e fácil de ignorar. Os momentos finais da peça foram devastadores — porque eu venci.

Eu entendi muito bem aquela peça. Quando você luta com a raiva, o grande medo é que ao final ninguém consiga controlá-la e ela vença. Para esse tipo de medo, eu digo o seguinte:

Você é uma inimiga derrotada.

Você ainda é poderosa, mas seu poder é uma ilusão, pois Cristo na cruz desferiu um golpe mortal contra você.

Não sou forte, mas descanso à sombra daquele que tirou o pior de você e ressuscitou vitoriosamente.

Em nome de Jesus — você perdeu!

> Golpes de mestre ao longo de uma tela
> Movimentos ousados — a cor se espalha por toda parte
> Livre e cheia de sonhos
> Sob o pincel de Deus, a tela vive
> Incrível, profundo
> Fico maravilhado
> Então ele mergulha meu dedo na tinta e eu me torno parte
> É como se eu estivesse pintando com o dedo com Picasso

E conforme Deus toma a minha mão, a tinta na dele escorre para a minha

Nasce uma nova cor

— Entrada de diário

ATRAVESSANDO SUA TEMPESTADE

Enquanto levo este livro a um desfecho, oro por você. Não sei e nem posso imaginar a dor, a perda, a ferida que você absorveu no tecido da sua alma. Mas posso lhe contar uma das maiores lições que aprendi na vida? Deus é grande o bastante para lidar com *todas* as nossas questões. Aprendi isso nos palcos.

1. Aprender a confiar em Deus como sendo aquele a quem você pode contar tudo. Em todo relacionamento, nós escolhemos aquilo que compartilhamos. No caso de Deus, porém, despeje tudo. Você nunca conhecerá um amigo como Cristo!
2. Se você sentir raiva, volte-se para ele. Não negue a sua ira nem atire com sua dor naqueles que a cercam. Primeiro, conte tudo para Deus. Encontre um lugar tranquilo e grite, se isso ajudar, apenas deixe sair tudo. Despeje a raiva e o sofrimento até sentir que passou.
3. Então, permita que ele a abrace e a conforte. O inimigo deve achar horrível e detestável quando confiamos em Deus o bastante para contar a ele toda a verdade!

Senhor Jesus Cristo,

Obrigada por me amar, por me amar por inteiro.

Obrigada por me convidar para vir e despejar a minha dor aos seus pés.

Trago a ti a raiva que estava profundamente enterrada e aí a deixo.

Sou amada, estou restaurada e estou redimida!

Amém.

Epílogo

Filhas daquele que fala para tempestades

Um bom soldado no país do inimigo deve permanecer alerta em todos os lugares que estiver e o tempo todo. Essa é uma das regras da minha vida e, se vivi até meus cabelos ficarem grisalhos, é porque a tenho observado.
— Sir Arthur Conan Doyle, *As aventuras de Gerard*

Faze-me ouvir do teu amor leal pela manhã, pois em ti confio. Mostra-me o caminho que devo seguir, pois a ti elevo a minha alma.
— Salmos 143:8

Finalmente encontrei uma boa resposta para aquela pergunta perturbadora, "conte-nos algo sobre você que não sabemos".

Meu filho me obriga a levar um canivete suíço toda vez que saio para caminhar com os cães à noite. É ridículo, eu sei, mas o faz se sentir melhor.

Tudo começou quando vimos um lince no jardim do nosso vizinho. O animal simplesmente apareceu sentado por lá, certa manhã, em cima da grelha, como se estivesse prestes a fazer um discurso. Meu vizinho gritou, o lince emitiu um som agudo e meus cães enlouqueceram. Aquela manhã foi atípica, já que assistíamos aquela beleza castanho-acinzentada desaparecer floresta adentro.

À noite, naquele mesmo dia, como era de costume, chamei Belle e Tink para o passeio noturno. Enquanto eu colocava as coleiras nos cães, Christian apareceu com aquela arma na mão.

"O que você está fazendo com isso na mão?", perguntei, enquanto ele oferecia o canivete.

"Para proteção, mãe", disse ele. "Aquele lince está lá fora, em algum lugar, à espreita."

"Como você sabe que ele está espreitando?", perguntei curiosa.

"É o que eles fazem, mãe — eles espreitam!"

Olhei para o canivete e fiquei me perguntando como eu faria para usá-lo contra uma fera pronta para atacar, à espreita.

"Se ele vir que você tem uma arma", continuou ele, "é mais provável que saia correndo". Ele disse aquilo com a confiança de alguém que estava prestes a enviar a mãe bem equipada para a batalha.

Fico feliz em relatar que nunca precisei usar o canivete e, portanto, a vida do lince permanece intacta. Mas toda vez que vejo aquele canivete ao lado das coleiras, junto à porta da frente, lembro que uma batalha se enfurece ao nosso redor a cada instante do dia. Abaixamos as nossas armas por nossa conta e risco.

Somos alienígenas na Terra. Esta não é a nossa casa. E o príncipe das trevas, que dita as regras por aqui, está firmemente decidido a nos destruir — mas Deus nos equipou com poderosas armas de guerra.

Vestidas com nossas saias ou calças jeans, talvez não pareçamos guerreiras imponentes a um observador casual. Mas, escutem-me, filhas do Rei: nós somos uma força a ser enfrentada! Como escreveu Paulo aos coríntios:

> Pois, embora vivamos como homens, não lutamos segundo os padrões humanos. As armas com as quais lutamos não são humanas, ao contrário, são poderosas em Deus para destruir fortalezas (2Coríntios 10:3-4).

Neste livro, revelamos muitas das questões usadas pelo inimigo para nos atormentar. Se ele pudesse, as usaria para fazer com que nós nos perdêssemos da fé em Cristo. Entretanto, em nome e poder do Senhor Jesus Cristo que ressuscitou e em breve haverá de voltar, nós *não* nos perderemos! Quando assumimos o compromisso de não mais viver conforme aquilo que *sentimos* ser verdadeiro, e sim de acordo com o que a Palavra de Deus noz diz ser verdadeiro, somos capazes de resistir diante das piores tempestades da vida.

Eu a incito, minha querida irmã, a construir um arsenal da Palavra de Deus nas profundezas do seu espírito. Coloque orações nos bolsos de todas as roupas. Unge cada umbral de sua casa, orando para que todos aqueles que nela entrarem sintam a paz e a presença de Cristo.

As Escrituras deixam claro que somente o Pai sabe a hora em que Jesus voltará. Entretanto, quando ele vier outra vez, quero estar pronta, aguardando e lutando e assistindo à aparição dele. Até ele vir, as tempestades continuarão a uivar dentro de nós — mas nós seguimos aquele que fala para as tempestades e as ordena para se acalmarem. Você não está só! Você nunca esteve e nunca estará só. Deus trabalha dia e noite, sem parar, mesmo diante da mais sombria das tempestades.

Em 1956, Cecil B. DeMille dirigiu o épico do cinema *Os dez mandamentos,* em que um hebreu chamado Moisés, um príncipe egípcio adotivo, tornou-se o salvador dos escravos hebreus. É difícil esquecer o momento em que Charlton Heston, no papel de Moisés, ergue o cajado sobre o mar Vermelho e as águas abrem caminho em alguns segundos. Aquele foi um momento de puro drama revivido em 1956, embora de modo diferente de como realmente aconteceu. O modo como isso de fato aconteceu é muito significativo para nós, que enfrentamos as tempestades inevitáveis da vida. Lemos a história em Êxodo 14.

> Então Moisés estendeu a mão sobre o mar, e o Senhor afastou o mar e o tornou em terra seca, com um forte vento oriental que soprou toda aquela noite. As águas se dividiram, e os israelitas atravessaram pelo meio do mar em terra seca, tendo uma parede de água à direita e outra à esquerda (Êxodo 14:21-22).

A noite inteira! Não aconteceu em um instante. Deus trabalhou a noite inteira na escuridão. Não sabemos a duração da noite, mas sabemos disto: não importa como as coisas pareçam, Deus está trabalhando — a noite inteira! Somente a luz da manhã mostrará o que Deus fez. Não desista nem se entregue ao caos dos seus sentimentos.

Aguente firme naquilo que você sabe ser verdadeiro. Nosso Salvador seguiu na frente para preparar um lugar para nós e ele voltará e nos levará para casa. Aguente firme e mantenha sua cabeça erguida! Você faz parte da realeza! É filha do Rei de todos os reis!

Permita-me terminar com uma bela exortação dada por Paulo ao seu querido discípulo Timóteo.

> Na presença de Deus e de Cristo Jesus, que há de julgar os vivos e os mortos por sua manifestação e por seu Reino, eu o exorto solenemente: Pregue a palavra, esteja preparado a tempo e fora de tempo, repreenda, corrija, exorte com toda a paciência e doutrina. Pois virá o tempo em que não suportarão a sã doutrina; ao contrário, sentindo coceira nos ouvidos, juntarão mestres para si mesmos, segundo os seus próprios desejos. Eles se recusarão a dar ouvidos à verdade, voltando-se para os mitos. Você, porém, seja moderado em tudo, suporte os sofrimentos, faça a obra de um evangelista, cumpra plenamente o seu ministério. Eu já estou sendo derramado como uma oferta de bebida. Está próximo o tempo da minha partida. Combati o bom combate, terminei a corrida, guardei a fé. Agora me está reservada a coroa da justiça, que o Senhor, justo Juiz, me dará naquele dia; e não somente a mim, mas também a todos os que amam a sua vinda (2Timóteo 4:1-8).

AGRADECIMENTOS

Gostaria de agradecer às seguintes pessoas, por suas contribuições inestimáveis para este livro:

Steve Halliday e Larry Libby. Aprendi muito com vocês sobre a fina arte da escrita. Vocês pegaram meus pensamentos e ideias e me ajudaram a expô-los de forma acessível a todos. Obrigada!

Bryan Norman. Você seguiu adiante, rumo a novas oportunidades, mas sou-lhe profundamente agradecida pelo trabalho que fez com este livro. Mais do que isso, você é um líder de torcida, um crítico fervoroso e um amigo querido.

Brian Hampton. Minha vida continua sendo agraciada e estendida por sua liderança e apoio.

Janene MacIvor e o editorial da Thomas Nelson, que prezam a excelência e trabalham tão duro para alcançá-la.

Julie Allen e Tiago Phinney. Pela capa original criativa e eficiente e pelo projeto gráfico do livro.

Chad Cannon, Stephanie Tresner e Emily Lineberger. É uma alegria trabalhar com vocês. Amo a paixão e o comprometimento de vocês para com a tarefa de transmitir a mensagem para o máximo de pessoas possível, e de forma bastante clara.

Ester Fedorkevich e a equipe da Fedd Agency. É uma honra ser representada por quem representa Cristo e seu Reino tão bem.

Women of Faith. Este é o meu 18º ano de atuação nos palcos, junto a algumas das irmãs e amigas mais maravilhosas que eu jamais poderia esperar encontrar. Nós recebemos nossos cinco milhões de convidados e vimos mais de 360 mil mulheres entregarem a vida a Cristo. Não posso esperar para ver o que Deus tem reservado para nós este ano. Renovação!

E, como sempre, meu amor, minha gratidão e meu coração pertencem ao meu marido, Barry, e ao nosso querido filho, Christian.

O agradecimento mais profundo vindo do meu coração e da minha vida será sempre ao meu Senhor e Salvador, Jesus Cristo, a quem todas as tempestades devem reverenciar.

> *Na sua aflição, clamaram ao Senhor, e ele os tirou da tribulação em que se encontravam. Reduziu a tempestade a uma brisa e serenou as ondas.*
>
> — Salmos 107:28-29

NOTAS

Capítulo 1. Quando um tsunami atinge o coração: *do sofrimento à força*

1. Gabriel José de la Concordia García Márquez; para consultar a biografia, acesse: http://www.goodreads.com/author/show/13450.Gabriel_Garc_a_M_rquez.

Capítulo 2. Um inverno longo e triste: *da decepção à esperança*

1. Herman Melville, Letter to Nathaniel Hawthorne, junho 1851, http://xroads.virginia.edu/~ma96/atkins/cmletter.html.
2. Miroslav Volf, *The End of Memory: Remembering Rightly in a Violent World* (Grand Rapids: Wm. B. Eerdmans, 2006).

Capítulo 3. Navegando em águas turbulentas: da falta de perdão à libertação

1. Michael Duduit, *Handbook of Contemporary Preaching* (Nashville: Broadman Press, 1992), 175.
2. Robert J. Morgan, *Nelson's Complete Book of Stories, Illustrations and Quotes* (Nashville: Thomas Nelson, 2000), 312.
3. Escritora e resistente holandesa que ajudou a esconder refugiados da Segunda Guerra Mundial. (N.E.)
4. R.T. Kendall, *Total Forgiveness* (Lake Mary, FL: Charisma House, 2002).
5. Dick Tibbits, *Forgive to Live* (Nashville, TN: Integrity Publishers, 2006), 91.
6. Ibid., 97.

Capítulo 4. Cobertos por Jesus: *da vergonha ao amor*

1. Citação de http://www.alienyoutharmy.com/annie-lobert-testimony-video/.
2. Para ouvir a história de Annie Lobert, acesse http://www.iamsecond.com/ seconds /annie-lobert/.
3. Edward T. Welch, *Shame Interrupted* (Greensboro, NC: New Growth Press, 2012).
4. Ibid.
5. Para obter mais informação sobre o ministério de Annie, acesse http:// hookersforJesus.net.

Capítulo 5. Uma tempestade silenciosa: *do arrependimento ao descanso*

1. http://www.theA21campaign.org.

Capítulo 6. Raios e trovões: *do medo à alegria*

1. Ronald C. Kessler et al. "Lifetime prevalence and age-of-onset distributions of mental disorders in the World Health Organization's World Mental Health Survey Initiative", *World Psychiatry*, 6, no. 3 (Outubro 2007): 168-176, http://www.ncbi.nlm.nih.gov/pmc/articles/ PMC2174588/.

Capítulo 7. Inclinada à beleza: *da insegurança à confiança*

1. http://www.victimsofcrime.org/news-center/reporter-resources/ child-sexual-abuse/child-sexual-abuse-statistics.
2. Sheila Walsh, *Honestly* (Grand Rapids: Zondervan, 1997).
3. Nancy Haught, The National Center for Victims of Crime, "Child Sexual Abuse Statistics", *The Oregonian*, 10 de fevereiro de 2013, L1, http://www.oregonlive.com/living/index.ssf/2013/02/just_in_time _for_lent_a_new_se.html.
4. William MacDonald, *Believers Bible Commentary*, ed. Arthur Farsad (Nashville: Thomas Nelson, 1989).

Capítulo 8. Surge um novo amanhecer: *da insignificância à coragem*

1. Huldah Buntain, *Treasures in Heaven* (New Kingston, PA: Whitaker House, 1989).
2. Site do Calcutta Mercy Hospital, http://www.calcuttamercyhospital.org/about.
3. Dustin Hedrick, "1949 Revival in the Hebrides Islands, Scotland", *Renaissance of a Soul* (blog), http://holyworldwide.com/dustinhedrick/?p=768.
4. Carolyn Curtis James, *Lost Women of the Bible* (Grand Rapids: Zondervan, 2005), 151.

Capítulo 9. Firme na rocha: *do desespero à fé*

1. http://www.garfield.com/comics/vault.html?yr=2008&addr=080728.
2. http://3eanuts.com.
3. http://www.despair.com.
4. Viktor Frankl, *Man's Search for Meaning* (New York: Washington Square Press, 1959).
5. Noah Webster, *American Dictionary of the English Language*, 1828, permissão para reimprimir esta edição, G & C Merriam Company, 1967, 1995.
6. Simon Wells, *Power and Passion* (Grand Rapids: Zondervan, 2007), 80.

Capítulo 10. Em um dia claro, conseguimos ver a casa: *da raiva à restauração*

1. Tracy Turner, "Alienation leads to school violence, consultant says", *News-Sentinel*, Ft. Wayne, IN, 21 de fevereiro de 2001, http://www.ahaprocess.com/News _Articles/NewsArticle_02212001.html.

Este livro foi impresso em 2014, pela Edigráfica, para a Thomas Nelson Brasil.
A fonte usada no miolo é Adobe Garamond Pro corpo 12.
O papel do miolo é avena 80g/m^2, e o da capa é cartão 250g/m^2.